过程

プロセスエコノミー

经济

［日］尾原和启 —— 著

胡玉清晓 —— 译

中国科学技术出版社

·北 京·

Original Japanese title: PROCESS ECONOMY ANATA NO MONOGATARI GA
KACHI NI NARU/ISBN: 978-4-344-03833-2

© 2021 Kazuhiro Obara

Original Japanese edition published by Gentosha Inc.

Simplified Chinese translation rights arranged with Gentosha Inc.

through The English Agency (Japan) Ltd. and Shanghai To-Asia Culture Communication
Co., Ltd.

北京市版权局著作权合同登记　图字：01-2022-6559。

图书在版编目（CIP）数据

过程经济 /（日）尾原和启著；胡玉清晓译 . —北
京：中国科学技术出版社，2023.5

ISBN 978-7-5046-9961-9

Ⅰ . ①过… Ⅱ . ①尾… ②胡… Ⅲ . ①企业管理
Ⅳ . ① F272

中国国家版本馆 CIP 数据核字（2023）第 033256 号

策划编辑	杜凡如　王雪娇	责任编辑	庞冰心
封面设计	创研设	版式设计	蚂蚁设计
责任校对	邓雪梅	责任印制	李晓霖

出　　版	中国科学技术出版社
发　　行	中国科学技术出版社有限公司发行部
地　　址	北京市海淀区中关村南大街 16 号
邮　　编	100081
发行电话	010-62173865
传　　真	010-62173081
网　　址	http://www.cspbooks.com.cn

开　　本	880mm×1230mm　1/32
字　　数	100 千字
印　　张	6.25
版　　次	2023 年 5 月第 1 版
印　　次	2023 年 5 月第 1 次印刷
印　　刷	大厂回族自治县彩虹印刷有限公司
书　　号	ISBN 978-7-5046-9961-9/F · 1099
定　　价	59.00 元

当今时代，仅靠制造好东西并不一定能创造好的销量。通过互联网，信息可以瞬间传播和复制，这样很容易导致创造出来的产品具有相似的功能。

人们在买电视或冰箱的时候，买夏普公司还是东芝公司的产品差别并不大。人们已经意识到，虽然某样产品和服务好用又实惠，但类似的产品和服务比比皆是，这使得新产品的发布也不再像以前那样令人兴奋了。即使某公司开发出某项新技术，其他国家的厂商也会马上崛起，开发出相似的技术且价格较低，低价竞争会让日本厂商筋疲力尽。

个人创作者也是如此，个人创造出来的东西可以被全世界的人模仿。油管网（YouTube）和照片墙①（Instagram）上某种风格的东西一旦流行起来，就会到处充斥着大同小异的东西。

---

① 脸书（Facebook）公司旗下的社交应用程序。——译者注

你有过这样的感受吗：我们很难在已经创造完成的事物上与他人拉开差距。在这个人与物都被埋没的时代，一种新的赚钱方式是"过程经济"，即售卖过程本身，因为过程是无法被复制的。执着追求的姿态，跨越重重阻碍创造出成果的样子，这些瞬间只存在于那一刻。做自己真正想做的事，创造自己真正想创造的东西，要想以这样的方式生存下去，过程经济是强有力的武器。

过程经济并不是我想出来的说法，而是由四零工作室[①]（00:00 studio）的创始人古川健介提出的。四零工作室致力于为创作者提供现场直播服务。

"过程经济"这个词听起来让人有些陌生，可能有人会觉得难以理解。但是，正在阅读本书的各位，我相信"过程经济"一定存在于你们生活中的某个角落。

过程经济不是代表某个特殊群体的概念，它与生活中的每个人息息相关。在本书的一开始，让我们参考古川健介最初写的关于过程经济的笔记来进行说明。

为了更好地理解"过程经济"，我们先来思考一个与

---

① 一款可以直播创意活动的应用程序。——译者注

之相反的概念，我们假设它是"产出经济"。

"产出经济"是指不按过程收费，而按产出收费。比如：

创作音乐的过程不收费，而是销售创作完成的音乐。

拍电影的过程不收费，而是销售拍摄制作完成的电影。

烹饪的过程不收费，而是销售做好的食物。

在销售方式上，既可以直接向客户收费，也可以像电视节目一样利用广告赚钱，二者的共同之处在于它们都通过产出来获利。由此可见，产出经济是非常普遍的一种商业模式。

那么，产出经济中最重要的是什么呢？产品质量、价格、市场营销等都很重要。关键是创造好的产品，以实惠的价格将其销售出去，加深人们对产品的理解，并以适当的方式配送产品。因此，生产者要做的是大量生产优质产品，合理把控价格，通过广告等形式扩大产品的认知度，做好口碑，并依靠稳定的流通渠道将产品妥善交付给客户。

产出经济中，每个环节的水平都在不断提高。如今市面上的产品大多质量好、价格合理、流通渠道畅通、到货妥当。其结果就是客户在产出经济中体会到的产品之间的差距越来越小。例如，20年前，因为餐厅里的很多菜都不好吃，所以那时候我通常会去菜品比较稳定的连锁餐厅。但现在，大部分餐厅里的菜都很好吃，不管去哪家店基本都不会踩雷。其原因有二：第一，餐厅的经营方法、美食的制作方法等信息会通过网络传播，我们更容易获取提升餐厅品质的相关信息，从而使得餐厅的整体水准得到了提升。

悠悠球①世界冠军布莱克是我的朋友，他曾说过："自油管网普及以来，全世界孩子的悠悠球水平都提升了一个档次。"在此之前，人们即使想学悠悠球，能够达到的水平也有限，因为相关的知识只在小范围内传播。在油管网上，所有人都能通过视频学习到高水平的技术，这让学习者的视野一下子开阔了，同时悠悠球的技能也得到了传播。音乐领域同样如此，即使不是专业音乐人制作的歌

① 这是两片球体（没有规定一定要圆形或是相同重量）借由一个轴心（通常是螺丝，也有木制的轴心）连接，然后通过细绳绑在轴心上，线的另一端则用绳圈绑在手指上把玩的玩具。——译者注

曲，听起来也具备相当高的水平；推特（Twitter）上的业余漫画家也具备高超的绘画技巧，类似的事例层出不穷。总的来说，各领域产出的产品质量都在不断提升。

第二，口碑传播的速度。就拿餐厅来说，人们通过tabelog①等点评网站可以很容易识别出哪些餐厅不好吃，消费者便可以避开这些店，所以它们很快会被淘汰。其他领域同样如此，做事不得体的人和劣质产品的坏口碑很容易会被传播开来。因此，我们面临的现状是，哪怕在营销、流通方面付出努力，产品不好的话最终也会被市场淘汰。

综上所述，在以上两个因素的共同作用下，人们感觉到基本上所有领域的产品质量都在提高。也就是说，如今我们难以凭借产品质量实现差异化，这样造成的结果就是很难通过产品质量的好坏扭转营销和流通上的劣势。

如果无法通过产品质量拉开差距，那不妨在营销、流通、品牌推广等领域投入资金，后者更有效果。我认为这些领域的差距正在扩大，在相应的竞争中获胜的产品会继

---

① 日本美食点评网。——译者注

续扩大优势。反之，在这些领域占据下风的产品即便是优质产品，也不会受到人们关注。

另外，站在消费者的立场，他们也会觉得每个产品都很好，不知道该如何选择。这种状况下，过程开始受到他们重视。为什么现在大家开始关注过程呢？我认为原因在于产出经济发展到一定规模后，能够造成差异的就只有过程了。

翻看时尚杂志你会发现，现在的流行趋势之一是"可持续发展"，对地球环境有益的事物以及注重创作过程的产品日益受到人们关注。大家都想避开那些过度依赖廉价劳动力、过度消耗发展中国家的人力资源以及以环境破坏为代价生产出来的服装等。

无论是快时尚品牌还是知名品牌的服装，品质都有较好的保障，对于不那么讲究的人来说差别不大。如果你问一个服装界专业人士，他会告诉你，优衣库 3990 日元的牛仔裤和李维斯 1 万多日元的牛仔裤在质量上没有差别。因此，生产服装的过程和过程背后的故事其实是相对重要的。

也就是说，随着产品差距的消失，如果想要创造价值，关键就在于过程，而过程价值的不断上升就会形成过程经济。

最近开始出现的趋势是，如果过程有价值，那么就销售而言，归根到底还是应该对过程本身收费。以漫画家为例，与其卖漫画，不如直播自己画漫画的过程并以此获得投币打赏。与此类似的形式以前就有，比如日本的一档叫作《ASAYAN》的人气选秀节目，以及韩国娱乐公司最近推出的选秀节目《Nizi Project》。当然，纪录片、电影的制作也是将过程产品化的形式。

所谓过程经济就是对这种形式的强化。不过，像《ASAYAN》和《Nizi Project》这样的形式具有把综艺本身作为一场秀来制作的性质。换句话说，它们将过程打包并以适当的形式输出。但是，随着互联网和社交网络服务（SNS）的普及，在过程经济中，"项目的过程从一开始就要收费"是具备可行性的。

我之所以这样说，是因为交流能给人带来很大的力量。高城刚[①]曾说："对女高中生来说，最期待的就是男朋友发来的短信。"短信刚开始晋及时我就说过，短信的形

---

① 日本影视编剧、某广告制作公司的法人代表。——编者注

式虽简单，但是它对交流却是非常有影响力的。

DeNA^①的 Pococha^②、SHOWROOM^③等直播服务就是如此。画面中的人和观众同时在线并进行实时互动，这很有价值。据说，Pococha 为 DeNA 带来的收益可与游戏为企业带来的收益持平，这并不令人意外。

仅通过直播等方式实时展示过程就可以让人产生关联感，如果发表的评论能得到主播回复，观众就更开心了。

过程经济的优点主要有三个。第一，有可能让创作者在产品产出之前就赚到钱。例如，创作者需要用一年创作作品，这就可能导致他一年没有收入。这样一来，还没有名气的创作者就会过得很辛苦，而且作品产出之后能否将其销售出去也未可知。花了一年的时间创作，创作者却没有赚到钱，这样的事情完全有可能发生。如果能够从过程开始收费，当创作者花一年的时间去挑战一个大项目的时候，只要这个过程获得他人的支持，创作者的生活就能稍

① 日本网络服务公司，业务涵盖社交游戏、电子商务等领域。——译者注
② 日本最大的直播平台之一。——译者注
③ 日本直播平台。——译者注

微安稳一些。

在这一点上最成功的案例就是谐星组合金刚二人组[①]的成员西野亮广[②]。西野亮广的在线沙龙有7万多名注册会员，会费每月不到1000日元。这样的话，西野亮广一年大约有8亿日元可用于创作活动，从而让他可以进行一些迄今为止个人无法进行的大规模尝试，比如买地建美术馆、花费5000万日元制作音乐短片（MV）等。

要想让过程得到人们的支持，你需要做一些有挑战性的事情，朝着更大的目标前进。因此，与其为了生活去做一些稳妥的事，不如去挑战一些从未做过的有创意的事情，这种动力可能会催生出优秀的作品。

第二，缓解创作者的孤独感。创作者经常独自工作，难免会感到孤独，漫画家、插画家、油画家等尤其如此。因此，他们有时候会想与他人建立联系，哪怕只是微弱的联系。通过直播将工作过程展现给大家，只要获得一部

---

① 日本搞笑组合。——译者注
② 日本男演员，曾出演电影《无家可归的中学生》等作品。——译者注

分人的关注和评论，他的孤独感就会在很大程度上得到缓解。

第三，创作者可能会吸引到更多的长期粉丝。如果最终的结果大致相同，那么有时投入感情更多的一方会获胜。因此，有了对过程的展示，当你最终拿出作品的时候，该作品被人们分享、推广、购买的可能性也会提高。因为消费者从过程开始就了解该作品，所以你产出的内容不会在人们即时消费后很快被其遗忘，而是会让消费者成为长期支持你的人。Campfire[1] 等开展众筹项目的原因也在于此。如今，与客户建立良好关系变得尤为重要。

读到这里，即使是没有听过"过程经济"这个词的读者也会发现，它与我们的生活息息相关。人们和它产生关联的方式可以是通过众筹支持某位创作者的创作过程，也可以是创作者通过自己在社交平台上发布产品开发过程，以此增加顾客和粉丝。至少应该没有人完全与过程经济无缘，只靠产出经济生活。过程经济已经以某种形式融入了我们每个人的工作和生活。尽管如此，一提到过程经济，

---

[1] 日本众筹平台。——译者注

还是会有人皱起眉头说："这是旁门左道。"

的确，从传统的商业思维来看，通过过程赚钱，或者在产品发售前公开过程来制造话题，可能会被人们认为不是"正道"。我想很多人会有这样的价值观：做生意就应该在人后默默努力，在产品达到自己能接受的状态后再将其展现在公众面前。但是，今后很多行业都应该开始面向过程本身收费，通过共享过程来积累初期粉丝，扩大社群的影响力。

随着社交网络的普及，我们接收的信息呈爆炸式增长。不局限于一部分名人和有影响力的人，我们每个人都可以通过社交网络宣传自己的工作、服务和产品。如今，日本的互联网用户已经超过了 1 亿人，如果只宣传成果，告诉大家"我创造出了××"，你的声音很快就会被湮没在众多信息流中。

我重申一遍，现在是人与物都容易被埋没的时代。这种情况下，分享过程成了强有力的武器，它可以帮助我们吸引热情的粉丝，哪怕只有少数粉丝。

我一直关注互联网的历史和前沿，本书中，我重新从多方面审视了古川健介提出的"过程经济"的概念，并将其作为一种对众多读者有用的方法进行了简单介绍。如果你突然被告知过程经济很重要，我想你应该不知道从何处入手。为了赋予过程价值，创作者要在其中加入故事，展示"为什么要做"的哲学，这一点很重要。而且，因为创作者个人的力量有限，所以要让用户成为粉丝，以第二创作者的身份参与进来，以进一步提升创作者的热度。

当粉丝聚集，形成社群后，每位粉丝又会创造出新的故事，热度也会不断上升，吸引新人加入。就这样，产生的故事越来越多，吸引更多新人……以此形成一种良性循环的机制，最终，价值不断累积，逐渐与其他企业和服务之间拉开差距。这就是为什么 Clubhouse^① 的投资者安德森·霍洛维茨（Andreessen Horowitz）会说"谁掌握了社群，谁就掌握了一切"。

过程经济之前的时代被称为"赢者通吃"（Winner Takes All）的时代。胜者吸引用户，用户吸引商业伙伴，商业伙伴进一步吸引用户，胜者先行获利，这是过去的制胜模式。也就是说，能否比他人更早掌握先行者利益决定

---

① 美国的一款音频社交软件。——译者注

了商业的成败。然而，在过程经济时代，用户呈现社群化趋势，因此，形成吸引新用户的循环更为重要。

了解过程经济的机制对于创造新服务的企业家和挑战新表达方式的创作者来说至关重要。因为即便有很好的想法和创意，很多人在输出变现之前就已经筋疲力尽了。此外，对于那些对现有的商业模式感到疲乏、苦于与同行业其他公司进行毫无意义的价格竞争的企业和个人来说，这也是一种新的赢利模式。为了不被迫开展一些与产品原本的价值无关的宣传活动，以及不被卷入销量再好也无法赚钱的价格战，我们应该通过展示过程来吸引一些更有黏性的用户。

本书还将对过程经济的未来预期进行解构。当过程经济的思维和价值观生根发芽，企业、社会以及个人将如何改变？是采取从终点开始倒推，步步高升的生活方式，还是从此时此刻开始，从前进的每一步中由衷地感受喜悦，温柔地回应生活的每一个瞬间？我想，在这个瞬息万变的时代，后者可能更适合我们。

由于本书将古今东西，甚至一些尚未广泛传播到日本的理念都包含在内进行了编纂，所以在校样阶段，西野亮广说:"真是一项艰难的工作啊。"山口周 [1] 也说:"作者的洞察力令人惊叹,过程经济要求企业和人才从根本上改变思维方式和行为模式。"

虽然本书中有很多晦涩的词汇,但我把它们像乐高积木一样组合起来,让这种变化的结构成为自己的武器,更加简单易懂。所以各位读者,如果您在阅读本书的过程中遇到不懂的词,请继续阅读,不要停下来,尽情享受从未知到熟悉的过程吧。

如果您能通过本书感受到新的氛围,接收到积极的信息,我将倍感荣幸。

尾原和启

---

[1] 日本独立研究者、畅销书作家、公众演说家。——译者注

目
录

第 **1** 章
过程为什么
有价值

001

千禧一代的诞生　　　　　　　　　　　　003

千禧一代重视的幸福三要素　　　　　　　005

"有用"不如"有意义"　　　　　　　　　007

全球高品质还是本地低品质　　　　　　　011

满足归属感的消费活动　　　　　　　　　015

品牌成为焦虑时代的身份象征　　　　　　017

"信徒商业"的真面目　　　　　　　　　019

世界年轻人的"日本御宅化"　　　　　　021

菲利普·科特勒的"营销4.0"　　　　　　025

6D框架让所有产品近乎免费　　　　　　030

2050年用电将免费吗　　　　　　　　　034

物品本身将会消失　　　　　　　　　　　036

奇点大学的"指数思维"　　　　　　　　037

第 **2** 章
人们对过程产生
共鸣的机制

041

成就了奥巴马的三段论框架　　　　　　　043

诺贝尔经济学家的"系统1""系统2"理论　047

戴维·阿克的"标签故事"　　　　　　　049

"为了他人"的欲望　　　　　　　　　　052

最棒的喜力啤酒广告　　　　　　　　　　055

第3章 如何实施过程经济 059

从"正解主义"到"修正主义" 061
"幸福的青鸟"在哪里 063
从"管弦乐式"到"爵士乐式" 068
全面公开信息，树立标杆 070
支持创作者的第二创作者 073
外在型还是内在型 076

第4章 过程经济的实践方法 079

1亿自媒体时代"为什么"的价值 081
传统文化的"心技体" 084
乔布斯去世后苹果公司面临的课题 086
西蒙·斯涅克的 TED 演讲 089
乐天人气店的三大特征 092
失败引发共鸣 095
两种共鸣 097
丛林巡航型还是户外烧烤型 099

第5章 过程经济的案例合集 103

防弹少年团打入全球市场的原因 105
杰尼斯事务所缜密的粉丝战略 108
小米的全民智能手机 111
在"煤炉"上卖菜 113
"北欧·生活道具店"成功的原因 115
游戏实况和 Clubhouse 大受欢迎的原因 117
无法预测的过程才是最好的果实 119
美捷步——销售额 10 亿美元的企业 122
广告宣传费为零的企业 125

爱彼迎和 Stripe　　127

第 6 章 过程经济的弊端　129

重视自我，时常回归"为什么"　131
过程经济不能弄错调节的杠杆　133
重要的是自己的标尺　135
过滤气泡的危险　138
社交网络带来的过程膨胀　141
不要把观众当成主体　143
看清现实　145
不要弄错"要""能""必须"的顺序　147

第 7 章 过程经济将如何改变我们　151

催生全球畅销书的过程经济生活方式　153
将人生娱乐转化　157
热爱的三个条件　159
谷歌的"20% 时间法"和正念　162
为什么蚂蚁能找到糖　165
四处转悠的蚂蚁创造出的奈飞　168
从"拼图型"到"乐高型"　172

结语 智慧城市和 20 分钟社区　175

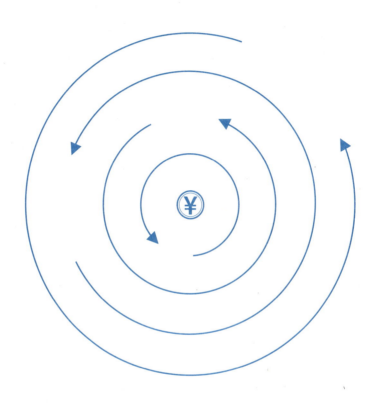

第 **1** 章

过程为什么有价值

千禧一代^① 的诞生

为什么过程和产出一样具有价值呢？比起产出的细微差异，能看到生产者的面容和他们的制作流程，是否更能让人感受到魅力呢？

如今，所有信息都可以通过网络以惊人的速度被人们分享，企业或个人单凭产品的品质很难做到与其他产品的差异化。这一点在序言中我也有指出。除了这一点，在此我还要提到年轻一代价值观的变化。

2017 年我写了一本书，名为《动机革命：如何激发低欲望的一代》，我在这本书中使用了"千禧一代"一词来论述年轻一代的变化。简单来说，千禧一代从一出生就生活在一个应有尽有的时代。在他们成长的年代，家家户户都有必要的家用电器。他们从小就能接触计算机、手机，

———————————

① 　指 1982—2000 年出生的一代人。——译者注

娱乐生活很丰富，很少有人会经历物资上的匮乏。而在这之前的"饥渴一代①"生活的时代，则是一个物资较为匮乏的时代。

_____

① 指 1960—1970 年出生的一代人。——编者注

千禧一代重视的幸福三要素

美国心理学家马丁·塞利格曼[①]（Martin Seligman）提出了"幸福心理学五要素"，分别是成就、积极情绪、人际关系、意义以及投入。

饥渴一代在工作中比较重视前两项，即"成就"和"积极情绪"，他们努力工作，追求高回报和职业发展的"成就"，达成远大目标后，他们以美食等作为奖励，享受"生理和心理上的快乐"。对他们而言，能够被称为"成功者"，过上更高水平的生活就是幸福。但是，千禧一代成长在应有尽有的时代，他们并不重视成就以及"生理和心理上的快乐"，因为他们在这两方面并没有匮乏感。

比起这些，他们更重视精神要素。也就是说，对他们

[①] 美国心理学家，曾获美国应用与预防心理学会的荣誉奖章、终身成就奖，1998 年当选为美国心理学会主席。——译者注

而言，幸福的价值更多地体现在"人际关系""意义"以及"投入"这三个维度上。他们认为内在的东西比外在的物质更有价值，从某种意义上来讲，他们变得更奢侈了。

在消费方面，他们并不想单纯满足自己的欲望，或者想要让别人羡慕的东西，而是想要自己真心喜欢的东西，想要购买能对厂家的愿景和生产者的生活方式产生共鸣的产品。

从结果来看，他们开始感受到"共享过程"这一行为本身的价值，而不仅是消费成品。

"有用"不如"有意义"

作家山口周从另一个角度论述了这种价值观的变化。他在著作《新人类时代》中指出，在今后的社会，"有意义"将比"有用"更有价值。也就是说，我们不仅需要生活必需品这样有用的商品，那些能够赋予我们的人生特殊意义，让我们活出自我的东西更有价值。

接下来我将引用书中的一段内容。

众所周知，日本便利店的货架管理十分严格，将商品摆放到货架上并不容易，因此剪刀和订书机等文具都只卖一种，但顾客并无怨言。

只是，在货架管理如此严格的便利店中，有一类商品却有200多种在卖，你们知道是什么吗？

答案是香烟。在剪刀和订书机都只放置一种的情况下，货架上却有200多种香烟。为什么会这样呢？

因为香烟"虽然没有用，但有意义"。一个品牌固有的故事和意义无法被其他品牌替代。对于喜欢抽万宝路的人来说，万宝路这个品牌无可替代；而对于喜欢抽七星的人亦然。人们感受到的故事和意义是多样化的，因此品牌也变得多样化。

这样的例子还有汽车行业提供价值的市场。具体可以看图 1-1 来思考。

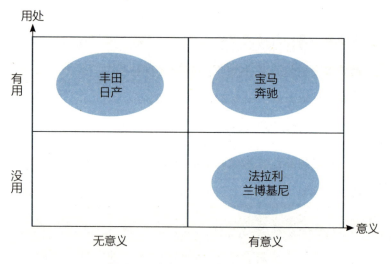

图 1-1　汽车行业提供价值的市场

在图 1-1 中，我按照各品牌为客户提供的两条价值轴来梳理市场，它们分别是"有用、没用"的纵轴和"有意义、无意义"的横轴。也就是说，如果只在有用与否的维度内竞争，企业就很容易陷入价格竞争，形成胜者垄断的局面。与之相对，法拉利这样"有意义"的汽车品牌则比较稀缺，更容易产生价值，关键是产品能卖高价。而且，"有意义"的市场也更具多样性。

从上述例子可以看出，有用的东西只要有一种就可以了。便利店只需卖最锋利的剪刀，不卖第二、第三锋利的剪刀。汽车方面，如果你需要混合动力车，可以选择丰田普锐斯。客户不需要第二普锐斯、第三普锐斯，功能性好的产品有一样就足够了。如此一来，就会形成胜者垄断的局面。

然而，对于那些不只有功能性，还有故事的产品而言，有多个种类也没关系，甚至可以说多样性会让其更具价值。比如兰博基尼，它并不具备什么特殊的功能性，而且还有很多不实用的地方。然而，它的售价却高达1000万到数亿日元，因为对特定买主来说它具有特定的意义。

综上所述，没用但有意义的产品市场价值更高。

这段内容直接反映了现代人价值观的变化。在一个

"有意义"比"有用"更有价值的社会中，我们应该以什么样的策略来从事商业活动呢？

正如山口周所说，在以"有用"为目标的情况下，世界上只有一把胜利者的椅子。如果你不想为这把唯一的椅子而战斗，那就必须重视"有意义"。要想让自己的产品或服务在激烈的市场竞争中留存下来，就必须选择走向某一个极端，坚守中庸之道只会被市场淘汰。如果你的目标是"有意义"，那么与消费者共享过程、传达意义的过程经济将发挥重要的作用。

全球高品质还是本地低品质

如今，价值呈现"有用"和"有意义"两极分化的趋势，模棱两可的东西正逐渐消失。活跃在世界各地的日本艺术家——teamLab① 的创始人猪子寿之用"全球高品质"和"本地低品质"来形容这一点。

这是今后每个人在工作中都必须意识到的问题，在此我想引用猪子寿之在《智族（日本版）》（*GQ JAPAN*）2014 年 7 月刊上说的一段话来说明。

未来，城市可能分化为两个部分。一部分是在世界上具有竞争力的高品质层次，另一部分则拥有强大的社群。

如今，互联网使国家与国家之间的边界逐渐消失，人们不再像以前那样清晰地意识到某项内容、产品或服务来

———————————

① 日本当红艺术团队。——译者注

自国内还是国外，而是会在全球范围内选择高品质的部分。而且，由于人们是在全球范围内选择，所以具有压倒性的资本厚度。简单来说，就是人们会在品质上花更多的钱。

即使是在本地范围内质量很高的产品，如果不能在全球范围内获得认可，制造该产品的企业也只能从本地筹集资金。因此，这些产品在品质上投入的资金就会相对减少。久而久之，它们与全球范围内选出的高品质产品之间的差距越来越大，被消费者选中的概率也就越来越小。

另外，互联网使社群的建立和互动变得更容易，规模也更大。随着社群的扩大，人们可以从自己所在的社群内选择内容、产品和服务。

在互联网普及之前，社群很小，我们很难从社群中选择自己真正想要的东西。而互联网使社群迅速扩大，大家可以通过社群，从认识的人或者朋友那里选到自己想要的东西。更确切地说，内容、产品和服务是与社群配套的，也就是说，内容、产品和服务是通过与社群配套来提升价值的。

不仅是内容、产品和服务的输出本身，还包括创造它们的过程、创造它们的企业或人以及社群内的交流等，是这些因素在创造价值。

这些都是内容、产品和服务的品质之外的价值，也因为具备交流的价值，所以在品质方面，人们的要求相对没有那么严格。同理，内容、产品和服务的价格相对其品质来说稍高一点人们也能接受。

此外，因为社群的存在，通过社群提供内容、产品和服务的人也能感受到参与社群的乐趣，所以在某些情况下，社群内提供的内容、产品和服务的价格会比市场上便宜很多，甚至是免费的。也就是说，在某些情况下，也可以是非经济模式。

另外，从事高品质相关工作的人大多必须在全球范围内不断取得胜利，因此会面临全球范围内的竞争，工作节奏也会更快。而且，由于全球形成了统一的市场，所以在某种程度上他们必须辗转于世界各地。

（略）

随着本地低品质的内容、产品和服务的消失，世界将逐渐分化为全球高品质无社群模式和本地低品质社群模式。二者没有交集，反而会在分化的过程中分别增强对社会的影响力。

无论如何，为了今后的生存，我们应该从这两种模式中选择一种，要么选择全球高品质无社群模式，要么选择本地低品质社群模式。

也就是说，猪子寿之指出，要想生存下去，我们只有两个选择，要么追求大众普遍认可的高品质，要么在社群内获得热烈支持，成为品质虽然不那么高，但是大家会因为是熟人制作所以想要购买这些产品，现在不存在模棱两可的选择。

如果选择前者，就必须依靠压倒性的金钱优势和人才力量在竞争中取胜。如果不以此为目标，就必须通过过程和社群来弥补品质上的不足，并让参与者感受到乐趣。各位读者，你们更青睐哪一种模式呢？

当然，这个问题没有标准答案，它取决于企业和个人设定的目标。如果以后者为目标，那就需要正确理解过程经济。

满足归属感的消费活动

在理解过程经济重要性的基础上，我们需要更进一步思考个人消费的目的。

前文已经讲过，比起物质，现在的消费者更注重内在层面，他们认为"有意义"比"有用"更有价值。更进一步说，他们开始要求品牌认同自己的身份，满足自己的归属感。

为什么会出现这种情况呢？原因之一是现实世界中社群的消失。在20世纪90年代后的30年内，城市居民进入了人类历史上第一次不知道邻居的长相和名字的阶段。在此之前，人们都是依靠和周围人相互扶持而生存的。

我们可能会遇到自然灾害、传染病、粮食不足等意想不到的生存危机。在过去，这时大家都会依靠和周围邻居的互帮互助来渡过难关。即使不刻意寻求归属感，人们也会迫于需要，将自己生活的场所归属于某个社群。

在互联网上遇到奇怪的网友时，人们可以很轻易地远离对方，但如果这个奇怪的人是现实生活中的邻居，想要搬家可就不那么容易了。为了避免麻烦，人们渐渐地不再与附近的人来往。城市人口如此密集，却没有一个可以让人们随时聚集的场所。

与邻里交往一样，公司作为人们的归属单位，其功能也被弱化了。现在，如果倡导"员工就像家人一样""员工应该团结一致"，就会被批评为"这是职权骚扰"。比起企业员工的身份，人们个体的生活更受到尊重。日本的终身雇用制被打破，员工跳槽和做副业成了司空见惯的事，自然也就对公司没有了归属感。

如今，日本社会正朝着小家庭化的趋势发展，原本能获得人们认同感的家庭、邻居、公司这三大归属单位都在逐渐被弱化。在这种背景下，大家开始寻求归属感，甚至在消费活动中也开始"想加入某个团体"。

品牌成为焦虑时代的身份象征

每年正月，日本电视台都会播出一档名为《艺人等级鉴定》①的人气节目。节目组会给出 A、B 两个选项，例如，会拿出两瓶红酒，让嘉宾辨认哪瓶是价值几万日元的高级红酒，哪瓶是价值几百日元的便利店红酒；或者是让嘉宾通过声音来分辨哪一把是上亿日元的斯特拉迪瓦里小提琴，哪一把是学生用的普通小提琴。

有时候，嘉宾认为 B 是正确答案，但打开 B 房间的门后，却发现里面没有人，其他人都在 A 房间里。这时，嘉宾就会感到强烈的不安，心想"是我判断错了吗"。

登山的时候，如果大家都往右走，很少有人会选择一

———————

① 由日本朝日放送电视台（ABC）制作。节目对艺人是否能够区分"高级货"和"便宜货"发起挑战，根据答题的正确数来给艺人确定等级。资深艺人可能因为连续回答错误导致等级下降，新人连续回答正确也可以升级为一流艺人等，与演艺资历不成比例的等级排名结果受到观众喜爱。——译者注

个人往左走。即使方向错了，只要和伙伴们一起走，人们就能感到安心。大学的同班同学大多是高中成绩差不多的人，而选择同一个专业的同学，比如文科或理科专业，想必他们的兴趣爱好也很相近吧。

日常生活中，大多数时候我们都和与自己相似的群体待在一起，但《艺人等级鉴定》这档节目一下子打破了这个立足点，让人产生不安。

过去，我们就职的公司是和自己生活水平相当、价值观相近的人聚集在一起形成的社群，这就在某种程度上自然而然地决定了我们需要做出的一些选择。但现在，公司不再是一个社群，也不再会为我们提供明确的人生选择。当一个人独自做抉择的时候，就会陷入"这个选择是否正确"的不安中。

世界正在慢慢地富裕起来，贫困到需要为明天的粮食发愁的国家越来越少。因为不愁吃穿，所以人们才需要解决一些内在的问题。"我现在这样好吗？""我为什么要工作？""我为什么活着？"诸如此类的不安和烦恼困扰着我们。这样的时代背景也是我们追求品牌作为自己身份象征的理由之一。

"信徒商业"的真面目

　　在经济高速增长期到来之前，日本人的生活非常困苦，谁也无法想象未来会是什么样子的。而在更早之前，生活在 1000 年前、1500 年前的人们，就更看不到未来了，可想而知，他们的内心更加充满了不安，而支撑他们活下去的是信仰。

　　人生这场冒险，总是有人和我们同路。当我们感到迷茫，不知道该向左走还是向右走的时候，有相似信仰的同行者会带给我们一些安全感。只要这样想，人内心的孤独和不安就会多多少少被消解。

　　信仰会给人们带来安全感和归属感。除了自己，还有其他人和自己做出同样的选择，有同样的信仰，这会增加人与人之间的连接感。然而在现代，大多数人并没有确定的信仰，有时候，信仰的角色是由品牌企业来扮演的。如果是史蒂夫·乔布斯，他会说"往这边走"；如果是穿名牌运动鞋的人，他会说"这样好"。站在人生十字路口的人会因此做出"还是换工作比较好""新的生活方式比较酷"等选择。

如今，人们不仅关注产品本身，还会将品牌传达的信息与自己的生活方式相结合。而且，这些都是通过共享过程来实现的。

消费者不仅关注产品质量，还会因为对某品牌的产品传达的思想产生共鸣而购买该产品、支持该品牌，有人将这种现象戏称为"信徒商业"。然而，事实就是如此，在现代，产品能满足人们的归属感，为人们照亮前行的道路，这与产品的品质一样重要，甚至更重要。

世界年轻人的"日本御宅[①]化"

大众寻求身份认同感的场所正在从企业转向有影响力的网络社群，这是一个全球性的趋势。近年来，全球的年轻人越来越具有日本年轻人的特性。更准确地说，是越来越像日本的御宅族了。

2015 年，我去推特公司拜访的时候，有人问我："在日本，很多人都是一个人同时拥有多个账号，但这种现象在其他国家好像并没有那么突出，这是为什么呢？"当时我的回答是："在日本，人与人之间的联系很紧密，同调压力[②]也很大，所以在网络上塑造出与现实人格不同的另一种人格，这样更容易保持自己的喜好。"

---

① 指热衷于各种亚文化，并对该文化有极深入了解的人。——编者注

② 日本文化下出现的一种现象，指在特定的地区和群体内，多数人决定意见后少数人会选择沉默或者服从。——译者注

到了 2018 年，这位提问者告诉我："在美国，同时使用多个账号的年轻人也越来越多了！"这些人都是 1995 年后出生的"Z 世代[①]"，上初中时推特和苹果手机已经成为他们的标配。所以，对这一代年轻人来说，与他人产生连接是自然而然的事情。

就连重视个体的美国也出现了很大的同调压力，当每个人都成为社会人的时候，用另一个账号来追求自己的喜好，这样的"御宅化"现象就开始产生了。

当今社会，有很多因素在影响人的价值观，比如出生时的经济状况、父母的价值观等，其中影响较大的一点是"什么时候开始在互联网上与他人产生连接"。

团块世代[②]成为社会人后第一次拥有了自己的电子邮箱，他们开始通过互联网与他人产生联系。

---

① 也称为"网生代""互联网世代""二次元世代""数媒土著"，通常是指 1995—2010 年出生的一代人，他们一出生就与网络信息时代无缝对接，受数字信息技术、即时通信设备、智能手机产品等影响比较大。——译者注

② 20 世纪 60 年代中期推动日本经济腾飞的主力，是日本经济的脊梁，指在 1947—1949 年出生的一代人，是日本第二次世界大战后出现的第一次婴儿潮人口。——译者注

千禧一代进入社会之前，在大学时代就频繁接触了互联网，因此，他们的价值观是"新事物、好玩的事情都在互联网上"。也是因为这样，他们才会产生一种不安，担心不上网的话生活中就只剩下自己了。这种情况被称为"错失恐惧症①"（Fear Of Missing Out，FOMO），被认为是社交网络病的一种。

Z世代则是在初中时期，也就是所谓的"中二病②"时期，即自我意识过剩的时候与互联网产生连接的。因此，他们的价值观基准是"在互联网上自己是被如何看待的"。这一代人还有一个特点是对于在互联网上如何塑造自己的人格、如何展示自己具有很强的认知能力。因为他们默认大部分信息需要从互联网上获取，所以会成为更深度的御宅族。另外，不同于千禧一代，Z世代经常上网，所以不会因为不上网而产生不安。这种现象被称为"错失的快乐③"

① 特指那种总在担心失去或错过什么的焦虑心情，也称"局外人困境"。具体表现为无法拒绝任何邀约，担心错过任何有助于人际关系的活动。——译者注
② 网络流行词。指青春期少年特有的自以为是的思想、行动和价值观。——译者注
③ 戒除社交瘾。——译者注

（Joy Of Missing Out，JOMO），指的是一个人厌世在家的确幸。

比 Z 世代更年轻的是 α 世代[①]，他们从出生起就与互联网联系在了一起。在不同的网络社群中拥有不同的人格，这对他们来说是再正常不过的事情了。另外，他们第一次遇到陌生人的场合往往不是在附近公园里的沙坑旁，而是在《我的世界》[②]（*Minecraft*）里，他们已经习惯了在互联网上与他人交流。

α 世代还被认为具有"有机领导力"。在《堡垒之夜》《喷射战士》等网络游戏中，玩家需要在每一局和不同的人组队并并肩战斗以完成目标。这种场合下，自己是应该带队，还是只是做一个跟随者呢？这种瞬间的判断关系着游戏的成败。因为从小就不断重复这种判断，所以 α 世代的领导力就被培养起来了。

每一代人与互联网的距离都在发生着变化，与此同时，人们与过程经济之间的距离也越来越近。

[①] 千禧一代的下一代，于 2010 年后出生，是第一个完全出生于 21 世纪的群体。——译者注

[②] 一款沙盒类电子游戏。——译者注

菲利普·科特勒的"营销4.0"

让我们从营销的角度来思考问题。

被誉为"现代营销学之父"的菲利普·科特勒[①]（Philip Kotler）提出了营销战略，这有助于我们思考过程经济。营销战略的具体内容如下。

· 营销 1.0＝ 以产品为中心的营销功能性价值诉求。

· 营销 2.0＝ 以消费者为导向的营销差异性价值诉求。

· 营销 3.0＝ 价值驱动的营销参与价值诉求。

· 营销 4.0＝ 经验价值导向的营销共创价值诉求。

在初期阶段的营销 1.0 中，只要有自己需要的产品，

---

① 现代营销理论的集大成者，被誉为"现代营销学之父"。——译
者注

用户就会感到高兴。人们从冰店买回一大块冰块用于制冷，这就是以前的冰箱，但是冰块融化后就没有制冷的作用了。如果能有一个能全天候不间断地冷藏食物的冰箱，就省去了补充冰块的麻烦，简直是生活必需品。

在经济高速增长期，日本打出"三种神器"的绝佳广告语，疯狂出售大量冰箱、洗衣机和黑白电视。只要厂家满足了消费者的生活需要，消费者就会感到幸福。这一时期只要以产品为中心进行营销，让消费者感受到"有了那个产品，生活会变得无比丰富"，商业就能成立。但是，随着产品的大量生产，产品已经遍布各地，此时仅靠营销1.0的模式已经卖不动产品了。

这个时期，经济富裕的消费者会变得越来越任性，他们想要和别人不一样的东西。比如，喜欢在家里喝加冰威士忌的人，会想要一个随时可以把冰箱里的水冻成冰块的冰箱；因为花粉和灰尘而饱受折磨的人，希望家里的每个房间都有一台能够吸走细小灰尘和颗粒的空气净化器。不再面向大众销售产品，而是要按照"爱喝酒的人""有花粉症的人"等细分目标受众，否则产品就卖不出去，这就是第二阶段的营销，即营销2.0。

随着社会产品的不断丰富和成熟，消费者满意度的形态也在不断变化。现在的消费者不再满足于只是一味地买齐想要的东西，"仅仅好用还不够，企业的使命和生存方式也很重要"，消费者从这样的角度出发，密切关注制造商的态度。

在美国，如果种族歧视成为社会问题，企业就会立刻表明反对歧视和偏见的立场。打出这样的广告的目的不在于销售产品，而是向消费者传达"我们是构建更美好社会的主体者"的信息。这样的行为会让用户觉得企业很酷，从而购买它的产品，通过消费行为来支持企业。在这样的时代，除非企业转向营销3.0，否则产品就卖不出去。在这一阶段，企业需要呼吁"让我们创造一个人人都能创造舒适生活的社会"。让消费者在对企业的使命产生共鸣的基础上购买企业产品，这就是营销3.0。

科特勒还倡导更加超前的营销4.0。这一时期，产品和服务具有的功能价值逐渐褪色，情感价值和参与价值反而愈发耀眼。这样一来，消费者就不再只是消费产品和信息，而是开始考虑自己应该参与价值创造。

"所有的服务都是为了让自己成为真正的自己。"这是营销 4.0 的重要观点。消费者不要甘于只做被动的消费者，为了构建一个不抛弃任何人的世界，消费者也要参与制造商的活动，挑战社会变革。这就是营销 4.0 的世界，这一论述印证了过程经济的重要性。

例如，如果你在巴塔哥尼亚^①（Patagonia）购买户外服装，你不会在店里获得购物袋，因为商家希望消费者参与环境保护。从某种意义上来说，消费者是被迫拿上自己的包去购物的。也就是说，只要你在巴塔哥尼亚购物，就会或主动或被动地以实际行动支持环保，自然而然地遵循了巴塔哥尼亚"我们从事的商业活动都是为了拯救我们的地球家园"的企业理念。这一机制满足了消费者对企业的卓越使命产生共鸣，进而想要参与活动的欲望。

在营销 4.0 阶段，消费者不仅要消费，而且还会出于对企业使命的认同而进一步参与活动。也就是说，消费者已经开始感受到实际过程的价值了。

科特勒理论的发展概况见表 1–1。

---

① 美国户外服装品牌。——译者注

表 1-1 科特勒理论的发展概况

项目	以产品为中心的营销	以消费者为导向的营销	价值驱动的营销	经验价值导向的营销
阶段	营销 1.0	营销 2.0	营销 3.0	营销 4.0
目的	商品的销售、普及	让消费者满意	提供有价值的体验	消费者的自我实现
技术背景	大量的生产技术	信息通信技术	社交媒体	大数据
消费者需求	归属欲	成长欲	参与欲	创造欲
企业行动	产品开发 4Ps[①]	消费者调查 产品差异化 STP[②]	品牌社群	消费者旅程 AIDA[③]
提供价值	功能价值	差异价值	参与价值	共创价值
与消费者交流	广告促销	网页推荐邮件	参与型社交网络服务	共创型社交网络服务

① 4P 即产品（Product）、价格（Price）、推广（Promotion）、渠道（Place）的英文首字母缩写，再加上策略（Strategy），简称"4Ps"。——译者注

② 营销学中营销战略的三要素。在现代市场营销理论中，市场细分（Market Segmenting）、目标市场（Market Targeting）、市场定位（Market Positioning）是构成公司营销战略的核心三要素。——译者注

③ 零售业常用的营销模式，核心是商家在吸引消费者的注意力（Attention）后，引起消费者对商品的兴趣（Interest），随之激发消费者的购买欲望（Desire），促使消费者产生购买行为（Action）。——译者注

6D 框架让所有产品近乎免费

为什么过程比产出更有价值呢？前文提到过，随着年轻一代价值观的变化，比起产品的细微差异，他们更看重能否与企业的理念产生共鸣、品牌能否满足自己的归属感以及自己能否参与企业活动。

在此，我想从技术的角度来说明过程之所以产生价值的另一个重要原因。随着技术的不断发展，产品将无限接近于免费，这种情况下，用户开始将金钱投入过程本身，而非产品。揭示这一趋势的关键词是"6D"。

我们可以参考《未来呼啸而来》一书。作者彼得·戴曼迪斯 [1]（Peter H. Diamandis）在美国西海岸的硅谷创办了

---

[1] 全球商业太空探索的领军人，共创立了十几家商业太空探索公司。X 大奖创始人，奇点大学创始人兼执行主席。——译者注

一所"奇点大学①"。随着人工智能（AI）的发展，人工智能超越人类智能的技术奇点②即将到来。创新者预见了未来时代的发展，他们表示，一切都将朝 6D 框架的方向发展。

接下来让我们逐一看一下 6D 框架的内容吧。

· 数字化（Digitalization）。

· 欺骗性（Deception）。

· 颠覆性（Disruption）。

· 非货币化（Demonetization）。

· 非物质化（Dematerialization）

· 大众化（Democratization）。

首先来看"数字化"。出版、电影等内容产业最早实现了数字化。过去我们只能看纸质书，现在我们可以在平板电脑、智能手机等数字设备上阅读电子书；过去我们

---

① 一所致力于培养未来科学家的学校。——译者注
② 指人类与人工智能的临界点。——译者注

看电影必须去电影院，或者去茑屋书店租高密度数字视频光盘（DVD）和使用家用录像系统（VHS），现在我们只要访问奈飞①（Netflix）或亚马逊会员视频②（Amazon Prime Video），就可以随时随地观看电影了。

另外，写入人类脱氧核糖核酸（DNA）的所有信息都已经通过计算机完成了数字化和信息化。DNA 信息实际上只是腺嘌呤（adenine）、胸腺嘧啶（thymine）、鸟嘌呤（guanine）、胞嘧啶（cytosine）这四种碱基的组合。完成对DNA 的解读后，新药和疫苗研发的进展也突飞猛进。

不过，数字化并非一蹴而就。请大家回想一下无现金支付普及时的情景。当"无现金经济时代即将来临"成为热门话题时，我想很多人都没有切身的体会，他们甚至还抱着"反正不会得到推广"的态度。但是，当他们回过神来，PayPay③在日本已经全面推广开了，人们在各个商店里都可以使用其进行支付。就像这样，新技术即使一开始

---

① 一家会员订阅制的流媒体播放平台。——译者注
② 亚马逊旗下的流媒体播放平台。——译者注
③ 日本的移动支付系统。——译者注

不被人们看好，也会在暗地里不断进化（"欺骗性"），最终给既得利益者带来无法挽回的巨大变化（"颠覆性"）。

前三个内容的推进最终会导致后三个内容的发生（图1-2）。

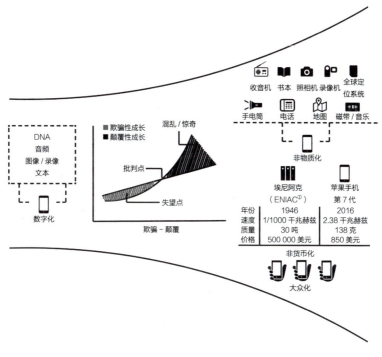

图 1-2 6D 指数函数的增长

① ENIAC，即 Electronic Numerical Integrator And Computer，世界上第一台电子数字计算机。——编者注

2050 年用电将免费吗

即使不在室外也可以种植蔬菜水果。在植物工厂里，发光二极管（LED）灯可以代替太阳为植物的生长提供光照。也就是说，发光二极管灯泡发光所使用的电力大致决定了蔬菜的价格。一直以来，由于电力成本过高，植物工厂的栽培技术始终没有得到普及。

但是如今，太阳能发电的成本已经非常低了。预计到2050 年，太阳能发电产生的电费很可能只有现在的 1/10。假设 1 千瓦时（千瓦时＝ 1 件功率为 1 千瓦的电器 1 小时的耗电量）的费用是 2 日元，这时在植物工厂里种植出的蔬菜的价格将会便宜得难以置信。

到那个时候，衣食住行都将近乎免费，人们为了生存不得不工作的时代将会结束。人们已经确定衰老基因的存在，人类的寿命将会越来越长（这么说来，就必须讨论"死亡的权利"，这有点讽刺）。

我们即将迎来一个全新的时代，到时候，产品和服务的价格都会变得很便宜，甚至不用花钱，生活必需品将免费发放。

当衣服、食物、房子都可以免费提供的时代到来时，人们会认为什么东西有价值，并且愿意为之支付金钱呢？人们不会花钱购买已经是成果的物品，而是会欣赏制作物品的过程，共同参与制作。也就是说，人们愿意为了共享过程和故事支付金钱。这种结构转变就是"非收益化"。

物品本身将会消失

不能通过成果（物品）赚钱的状态被称为"非收益化"，与此相对，成果（物品）本身消失的状态被称为"非物质化"。例如，大家吃的肉不过是由 20 种氨基酸组合而成的氨基酸集合体。也就是说，用 3D 打印机打印肉从物理上来讲是可行的。以色列已经成功造出了人工乳蛋白。在新加坡，有的餐馆已经可以吃到实验室培养出来的细胞培养鸡肉。

再举一个我们身边的例子，那就是智能手机的出现。过去，外出旅行时，为了拍纪念照，我们必须带上胶片相机或数码相机。但现在，智能手机提供了相机的基础功能，所有人都可以使用智能手机里的应用程序拍照，没有必要再特意带上相机和胶卷了。收音机也是如此，以前如果没有硬件（实体）就没办法收听广播，如今，stand.fm、Voicy、radiko 等应用程序解决了"没有硬件就不能听广播"的问题。像这样，非物质化正在我们身边发生着。

奇点大学的"指数思维"

对过程经济而言，6D 框架中的第 6 个"大众化"尤为重要。

有了软件，会议的开展变得更容易了，所有人都能够轻松参与其中，本书的编辑箕轮厚介主持的在线沙龙"箕轮编辑室"正是如此。

在过去，无论是制作网站标题还是剪辑视频，都需要委托相关专业人士，成本很高。而在箕轮编辑室，成员们都会很开心地自发参与这些工作。哪怕箕轮厚介不给成员付钱，他们也会纷纷举手表示"我想做"，自发地参与各项工作。

这些人并没有像《蟹工船》^①中描写的工人那样被迫劳动。现在，智能手机和计算机上的视频软件等各类软件都很丰富，人们可以在本职工作之外的空余时间参与一些感兴趣的业余活动，将其作为一种兴趣和娱乐。

正如我在前文中所说，千禧一代在工作上的追求不是成就和快乐，而是人际关系、意义以及投入。也就是说，如果能和喜欢的人一起专注地完成自己认为有意义的工作，那本身就是一种娱乐，也是一种幸福。

很多人不追求金钱，纯粹出于兴趣而参与工作，这也大大降低了人力成本。随着6D框架的发展，所有的生产成本都会大幅下降，到了2035—2040年，只靠成果来从事商业活动的经济模式将会终结。我们应该从那个时候倒推，思考现在应该做些什么。

在奇点大学，学生会学习"指数思维"。在技术和创新的推动下，我们的时代正以指数级的速度急剧变化。对于

---

① 日本作家小林多喜二创作的小说，揭露了渔业资本家和反动军队对渔工的残酷剥削，生动地表现了日本工人阶级从自发反抗到自觉斗争的发展过程，是日本现代文学史上的无产阶级启蒙之作。——译者注

这场剧变，我们不能再袖手旁观，而是要预见时代的变化，提前采取行动。这就是"指数思维"，其框架就是"6D"。

当技术发展到太阳能发电所产生的电费不到现在的一半时，世界将发生极大的变革。到时候应该会掀起一场免费革命，世界的商业格局将重新洗牌。

在那样的时代，是否具备通过过程来赚钱的思维就显得尤为重要了。在下一章，我们将探讨过程经济与人类的本能需求在本质上是如何匹配的。

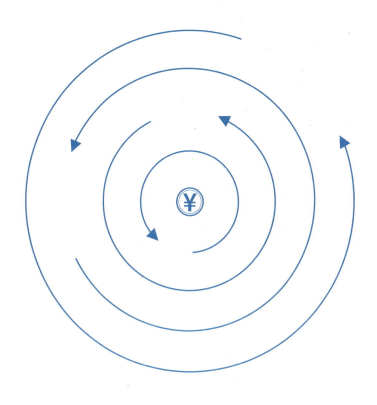

第 **2** 章

人们对过程产生共鸣的机制

成就了奥巴马的三段论框架

在第一章中，我们一边观察价值观和技术的变化，一边思考为什么过程能体现价值。本章我们将考察人们对过程产生共鸣的机制。

人们为什么会对过程产生共鸣并为之狂热呢？

2008 年的美国总统大选掀起了一阵奥巴马热。"是的，我们能"（Yes,we can）、"E 变革"（Change），这些口号深深击中了疲惫不堪的美国人的心。在这样的背景下，2009年1月，美国历史上第一位黑人总统诞生了。

助力奥巴马当选的是他的竞选参谋马歇尔·冈茨（Marshall GANZ，哈佛大学肯尼迪政治学院教授），他在奥巴马的竞选和演讲中采用了"公共叙事"和"社区组织"的方法，也就是"Self-Us-Now"的三段论框架。

奥巴马在演讲时，没有一上来就给民众讲一些宏大的内容，而是从诉说自己的人生经历这样的小故事开始：

作为一名黑人，我一直体会着少数族裔的痛苦。但是美国这个国家给了我自由，所以我才能走到现在。饱尝了少数派之苦的我发起了变革，我想，这也是大家都能做到的。

奥巴马就是这样，先讲述"自己在这里的理由"（story of self），然后向听众抛出"我们在这里的理由"（story of us），然后表明"现在应该采取行动的理由"（story of now）。他巧妙地将总统候选人的成长经历这一段"别人的故事"转换为"大众自己的故事"，从而让他们参与进来。

这个故事与过程经济有何关联呢？在使用"Self-Us-Now"三段论框架与他人分享人生经历的过程中，自己内心的故事会与他人的故事不断重叠。

"我一直是这样生活的。""你现在正走在这样的道路上。""我和你有共同点，让我们以这些共同点为契机，团结一致做些什么吧。"通过公开和共享自己的过程（生活方式），个体的狂热便会扩散为集体的狂热。

一位领导人的输出不可能突然引发巨大的社会变革，我们需要的不是某一个人前进100步，而是共享过程的

100 位小伙伴各前进 1 步，大家共同行动。奥巴马为了改变充满闭塞感的美国而采取的方法，正是抓住了人们对过程产生共鸣的机制。

据说堀江贵文 ① 在写《归零》时，参考了奥巴马的这一段演讲内容。他将演讲中用到的"我、我们、现在"（Me, We, Now）的结构命名为"Me-We-Now"框架。

"讲述自己的故事，拉近距离（Me）""寻找共同点，建立联系（We）""说明自己想做的事情（Now）"。堀江贵文说他在写作时会先构思好"Me-We-Now"框架，然后再往里面添加小故事。

例如，在"我"（Me）的部分，为了让读者了解书的作者，堀江贵文在书中讲述了自己从幼年到学生时代都在九州的乡下度过，让人充满了亲切感。此外，堀江贵文还在这部分加入了能够引起读者共鸣的工作轶事，如"我从'家里蹲'的状态中走出来的契机是打工"。

在此之前，堀江贵文的书总给我一种难以接近的印象，感觉"虽然他说的都是对的，但是我无法产生共

_____

① 日本知名门户网站活力门（Livedoor）的前总经理。——译者注

鸣""因为他跟我们不一样，所以他能做成一些事"等。但是《归零》这本书通过"Me-We-Now"框架来共享过程，引起了年轻女性、家庭主妇等与堀江贵文原本的粉丝群体不同的群体的共鸣，一举成为销量突破 40 万册的畅销书。

诺贝尔经济学家的"系统 1""系统 2"理论

披露原本隐藏的过程，与他人分享私人故事，这样就能让更多的人对你从事的事情产生热情并参与其中。

"系统 1""系统 2"理论为过程经济的方法提供了参考。这一理论由 2002 年诺贝尔经济学奖得主丹尼尔·卡尼曼[①]（Daniel Kahneman）提出（参见《思考，快与慢》）。

人的行为模式由情感脑和逻辑脑二者共同支配。丹尼尔·卡尼曼将情感脑称为"系统 1"（直觉过程），将逻辑脑称为"系统 2"（逻辑过程）。

无论是多有理智和教养的人，也不可能每时每刻都能用逻辑来支配自己的思维和行动。人在采取行动的时候，实际上遵循的是直觉上的"系统 1"，而非逻辑上的"系统 2"。

---

① 著名心理学家，普林斯顿大学教授。——译者注

人要做出改变时，无论怎么利用理论和论证来接近逻辑脑，都是很不容易的，倒不如分享欢欣雀跃的心情，调动富有情绪的情感脑，这样会更有效。而能够吸引情感脑的不是逻辑，而是故事，也就是叙事（narrative）。

奥巴马以"和我一起行动吧"为目标，通过演说来接近大众的情感脑，将分散的个体在同一个愿景下集结起来。

戴维·阿克的"标签故事"

那些让大家愿意一起冒险的故事只能来自美国前总统奥巴马这样的领袖吗？

品牌营销理论大师戴维·阿克[①]（David A Aaker）在《品牌标签故事：用故事打造企业竞争力》一书中表示，标签故事（signature story）对品牌来说非常重要。

只要能彻底地向人们讲述象征企业或服务的品牌故事，该品牌的形象就会深入人心。不是只有创业者有故事，有时候员工或客户的故事反而更真实。重要的是，企业要讲的故事是否与企业的品牌哲学一致。在信息过剩的时代，能打动人心的唯有真实。因此，推广品牌时需要的不是加工之后的创意，而是从与服务的关联中找出

[①] 美国加州大学伯克利分校哈斯商学院荣誉教授，被誉为"现代品牌营销之父"。——译者注

的真实故事。

企业要做的是传达而非表达，要把可以打动大众，让他们跟随品牌一起走下去的故事用语言传达给消费者，让消费者产生共鸣，让他们成为和企业一起冒险的伙伴。这些伙伴还会带动身边的人，号召更多的伙伴加入进来，然后大家一起和企业共同打造产品和服务。

只要坚持这个循环，就能走向"社群才是经营战略的根本"的方向。而支撑社群的，是故事和叙事性表达。

此外，创意总监佐藤尚之在其著作《如何得到粉丝支持、喜爱以及长期畅销》中提到，要增强粉丝黏性，需要从以下三个维度出发：

（1）共鸣→狂热。

（2）依恋→独一无二。

（3）信任→支持。

通过共享过程，粉丝最初的共鸣会上升为强烈的狂热，而对品牌的依恋也会进化为非这个品牌不可的独一无二的情感。此外，对品牌的感情会从被动的信任变为主动的支持。这样的积累终将形成"谁掌握了社群，谁就掌握了一切"（Community Takes All）的局面。

"为了他人"的欲望

驱动过程经济的引擎是"利他之心",如果只是为了一己私欲,是不会引起他人共鸣的。我们要以让他人开心为愿景,大家互相帮助,协力前进。

人的大脑中预先设定了"想为他人采取行动"的利他精神和行为模式。我们不是只从"只要自己好就行了"的利己主义出发,而是想着"即使把自己的事情往后推,也要让他人幸福"。这样想的时候,大脑会分泌一种叫作催产素的激素。

催产素也叫缩宫素,人在刚出生的时候,光靠自己是活不下去的。如果不吮吸母亲的乳汁,婴儿很快就会死亡。母亲想着"多可爱的孩子啊""想让这个孩子健康成长",脑内就会分泌催产素,促进乳汁分泌。更有意思的是,当我们看到他人的利他行为时,大脑也会分泌催产素。也就是说,利他行为会在人与人之间产生进一步的利他连锁反应。

马克·扎克伯格 [①]（Mark Zuckerberg）不坐配有司机的总裁专车，而总是骑自行车去公司上班。他还宣布未来将放弃自己的全部财产。事实上，他已经多次进行 100 亿日元规模的巨额捐赠。有了巨额财富后，扎克伯格决定过一种利他的生活。

被誉为"钢铁大王"的安德鲁·卡耐基（Andrew Carnegie）在纽约出资建造了卡耐基音乐厅等，持续支持文化艺术事业。他在包括美国在内的世界各地共建造了 2500 多座图书馆。

俗话说"虎死留皮，人死留名"，卡耐基于 1919 年去世，在 100 多年后的今天，全世界的人都知道了他的名字。

即使物欲和权力欲被满足，归属感和被认可的需求被满足，人实际上也无法彻底得到满足。归根到底，人想要实现的是"想为他人做点什么"的"终极欲望"。

以人的"利他之心"为引擎的过程经济与人的本质需求是一致的。脑科学家、医学博士岩崎一郎在《科学地获

---

① 脸书（Facebook）的创始人。——译者注

得幸福：锻炼岛叶皮质的方法》一书中写道："最新研究表明，锻炼大脑的岛叶皮质，能让整个大脑平衡协调地工作，这样会让人生变得丰富幸福。"而锻炼岛叶皮质的具体方法就是要有一颗利他之心。

另外，美国加利福尼亚大学河滨分校的阿尔门塔博士等人认为，"感谢"分为两种。恩惠式感谢指因为某人为自己做了什么或者自己从某人那里获得了什么而产生的感谢。普遍式感谢指常怀感谢之心的心理状态，即对所有事物都怀有感谢之情的状态。前者以自我为中心看待事物，视野会变得狭窄，也很难找到合作伙伴。后者时刻关注自身与周围的联系，以广阔的视野看待事物，容易引起更多人的共鸣，赢得更多的合作伙伴。

综上所述，从脑科学的角度来看，基于"利他之心"的过程经济是对人有吸引力的机制。

最棒的喜力啤酒广告

通过共享过程，人们会对与自己持有完全不同方针和思想的他人产生亲切感，认为"这个人是我的伙伴"。在此，我想以喜力的精彩广告为素材来思考这一点。

广告中，"气候变化不是人类的错"论者和"如果不采取应对全球变暖的措施，人类就会灭亡"论者等持有对立观点的人两两一组在仓库碰面。见面后，他们并没有讨论地球环境问题等复杂话题，而是把这些话题先放在一边，两个主张完全不同的人开始一起组装椅子。

因为一个人组装椅子很辛苦，所以他们决定互相帮助，互相下达指示，这样就能顺利完成组装工作。两个人通力合作，一把漂亮的椅子很快就完成了。

之后，仓库内开始播放两人见面前录制的采访视频。这时他们才发现，彼此的主张和想法完全不同。等他们看完视频后再问两人"是要离开房间还是继续喝酒聊天",他们会作何选择呢?"那当然是继续喝酒聊天了。"两人干杯后,各自拿着一瓶喜力啤酒,开始愉快地聊了起来。"今天一起工作很开心。""虽然我们意见相左,但像这样一起喝啤酒真不错啊。""生活不是非黑即白。"两个人边喝啤酒边聊天,这样的广告实在令人感动。

两个人组队工作,一起挥洒汗水,作为命运共同体共同为一个项目努力。即使观点不同,也能共同完成某项工作。这让他们意识到:"原来我们并不需要吵架和冲突。"

在社交网络服务社会,到处都是逻辑和逻辑的相互碰撞,每个人都觉得不驳倒对方誓不罢休,然而对方的主张是不会轻易改变的。世界很复杂,大多数情况下正义并不专属于某一方。如果这种情况下你还想强行让对方屈服,最终就会演变为争论甚至吵架。

喜力啤酒的广告是一个非常好的教材,告诉大家在过程中产生连接的重要性。在油管网上搜索"能和价值观不同的人和谐相处吗",就能看到这则带日语字幕时长4分半的广告,大家也可以去看看。

人这种生物，本能地会因为与他人共享过程而感到幸福，能够超越主义和主张与他人建立连接。由此可见，过程经济是一种与人类原有的机制相当契合的机制。

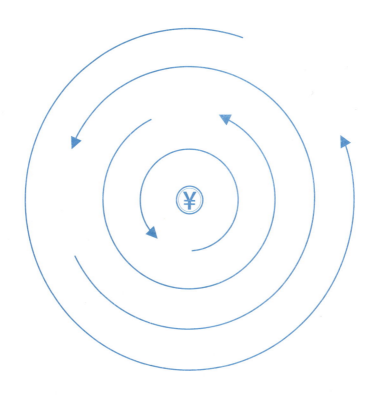

第 **3** 章

如何实施过程经济

从"正解主义"到"修正主义"

请大家放松心情，继续阅读本书。

即使明白了过程经济的价值，但如果不能从根本上改变意识，我们也无法付诸实践。我们在理解过程经济的时候，不要只理解道理，而是要把它当成一种感觉。

任何人都很难抹去长年形成的价值观，所以也会有"靠过程赚钱是歪门邪道""把过程给别人看太可笑了""上市前的产品信息和商业机密不能对外公开"等反对意见。还有很多人活在产出经济的价值观中，也就是在他人看不到的地方默默努力，做出满意的成果后再展示给大众。这与学校的教育息息相关。

瑞可利集团[①]资深顾问藤原和博于 2003 年被聘为东京公立中学（杉并区立和田中学）的校长。他是首位以普通

---

① 　全球著名人力资源服务机构。——编者注

老百姓身份出任东京都内中学校长的人，其独创的"社会科"在教育界引起了巨大轰动。和藤原和博谈话的时候，他提出要"从正解主义到修正主义"，这个说法让我眼前一亮。

日本的学校教育拘泥于只追求唯一正确答案的正解主义，老师和学生都被"如何得到正确答案"这一常识束缚。即使定义了"××是正确答案"，在这个急剧变化的时代，该定义本身也存在很大的变数。

既然如此，最好以修正作为前提。不要过于执着于得出正确答案，哪怕是试用品也可以，先把它拿出来，接受多方反馈，之后再根据反馈结果酌情修正就可以了。藤原和博认为，重要的是从正解主义这一固定观念中脱离出来，向修正主义过渡。

将过程黑箱化，将完美状态下的成果公开，这是一直以来的常识。所以在那些拘泥于学校正解主义的人眼中，"过程经济"必然是歪门邪道，但在激变时代，公开过程，根据大众的反馈适当做出改变并不是什么邪路。这是一个没有固定的正确答案的时代，在这个时代，以中途改变方针为前提的修正主义才是最有效的做法。

"幸福的青鸟"在哪里

营销界有一种经营理论叫作"手段导向性"（effectuation），它是"effectuate"（引发某种结果，达到目的或希望）这个英文单词的名词形式。

"手段导向性"是通过过程经济达成某项目标时必须要做好的思想准备。其中有五个关键词（见图 3-1）：

（1）一鸟在手（Bird-in-Hand）。

（2）可接受范围内的损失（Affordable Loss）。

（3）拼布床单（Patchwork Quilt）。

（4）柠檬水（Lemonade）。

（5）飞机上的飞行员（Pilot-in-the-plane）。

只要坚持想做的事的大框架，输出的内容可以不断变化。只要能享受过程，就没有必要被"为了实现目标，自

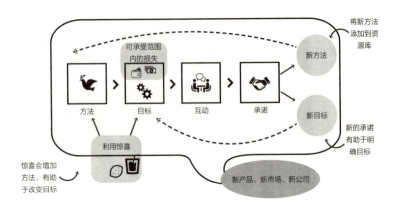

图 3-1 "手段导向性"的五个关键词

己应该做什么"的形式束缚。

我们很难找到"幸福的青鸟"。人往往以为崇高的目标在外面，只顾在外面寻找，殊不知"幸福的青鸟"早已在家中。这就是比利时作家莫里斯·梅特林克[①]（Maurice Maeterlinck）笔下关于蒂蒂尔和米蒂尔的童话[②]。人首先要

---

① 比利时剧作家、诗人、散文家，于 1911 年获得诺贝尔文学奖。——译者注

② 比利时戏剧家莫里斯·梅特林克创作的戏剧《青鸟》。该剧描写了樵夫的孩子蒂蒂尔和米蒂尔在圣诞节前夜受仙女之托为邻家生病的女孩寻找青鸟的经历。他们到了思念之国、夜之宫、森林和墓地，又来到了幸福国和未来王国。他们找到的青鸟不是改变了颜色就是死掉。最后，他们发现，自己家的斑鸠就是青鸟，它治好了女孩的病后飞走了。兄妹俩也在这一次历险中领会到了幸福的真谛：原来青鸟就在自己家里，而幸福，就在身边。只有甘愿把幸福给别人，自己才会感到幸福。——译者注

重视自己内心感受到的意义，之后再试着开始做些什么。

在这个瞬息万变的时代，如果一开始就定下目标，选择范围就会缩小，离更大的成功也会越来越远。因此，要从自己手中握住的快乐幸福的事情开始，这就是"手段导向性"的第一点"一鸟在手"。

但是，这样开始的话也许会失败，这是很正常的。因此，一开始就要设定好可接受范围内的损失，也就是"手段导向性"的第二点"可接受范围内的损失"。例如，当你为了创造能感受到幸福的瞬间而策划了活动或庆典之后，并不一定就会一帆风顺。其间可能会发生很多意想不到的事故或麻烦。比如，某个企划是让大家畅聊，享受现场演出，在烧烤店和啤酒花园尽情地吃喝。要想让这样的企划案通过，就必须准备活动用的场地，音响和照明设备也是必要的。

随着企划案的不断推进，企划者回过神来计算了一下费用，才发现入场费和餐饮费根本不足以覆盖成本。于是只能开始找赞助商募集资金，通过众筹和增加商品销售，活动才勉强实现赢利。虽然会有小小的挫折，但在不会彻底失败的前提下继续尝试，每次都能学到新的东西，遇到新的人，这样做可以给下一次尝试带来未知的发现。

"手段导向性"的第三点"拼布床单"也很重要。将单独无法使用的边角布料缝合起来，就成了一件大作品。这告诉了我们要灵活应对生活中的每一个时刻，学会与平时不会与之握手的人握手，和不同的人共同协作。这样一来，新的合作机会就会像拼布床单一样不断扩展，这也是修正主义的妙趣。

成功蕴藏在失败中，这就是"手段导向性"的第四点"柠檬水"。柠檬又苦又酸，所以我们很少单独吃柠檬。然而，把柠檬榨成汁，再和蜂蜜、冰水混合，就能做出非常好喝的柠檬水。第一次做柠檬水的人肯定会非常兴奋，想说"原来还有这种喝法"。有时候，偶然的一次行动会带来意想不到的成功。

"手段导向性"的第五点是"飞机上的飞行员"。项目和活动的核心人物就像飞行员一样持续握着操纵杆，带领大家享受活动。人们在活动中又唱又跳，看着就开心得不得了。多亏有一个手握操纵杆的人，周围的伙伴才能放心唱跳，尽情享受其中。

对于"可接受范围内的损失"，我们要用宽容的态度去接受。有时候乍一看失败了，但是我们会在失败中有新的发现，这个发现也许会带来意想不到的成功。最重要的是，在这个过程中，我们会达到新的终点，遇到新的伙伴，从中找到新的意义。

在这个不断变化的时代，从一开始就将战略确定下来只会让自己变得狭隘，而从手中掌握的资源出发，在冒险的过程中不断找到新的目标和伙伴，这会让我们发现自己更多的可能性。

从"管弦乐式"到"爵士乐式"

在管弦乐团的音乐会上，不可能有脱离乐谱的即兴演奏。小提琴、大提琴、铜管乐器组和打击乐器组各司其职，各自的演奏时间和演奏内容都是有规定的，大家不可能无视指挥者的指挥。可以说，管弦乐团的音乐是朝着既定目标前进的正解主义的典型。相比之下，爵士乐队的现场表演一般不会完全照着乐谱演奏，甚至可以说，他们的工作就是重塑乐谱。

爵士乐队的即兴演奏取决于当晚聚集在爵士乐俱乐部的观众以及乐队成员的组合，表演稍微失控也没关系。有时候，由于编曲过于激烈，观众甚至不知道原曲是什么。

爵士乐手创造出了只有今天才有的、此时此刻诞生于此地的音乐。聚集在爵士俱乐部的观众，明天或后天再也听不到同样的音乐了，所以他们不管去了多少次，都还想再去爵士俱乐部。爵士乐不是正解主义，而是修正主义的音乐，它本身就是过程经济。

在这个世界急剧变化的时代，更适合我们的不是朝着既定目标前进的"管弦乐式"的生活方式和工作方式，而是在不知道正确答案的情况下寻找答案的"爵士乐式"的生活方式和工作方式。

在缺乏变化的时代，从正确答案倒推来思考需要练习的内容，重复"把 A 部分和 B 部分合并起来"的练习，工作就完成了。然而，在当今这个变化不断的时代，大家一起提出各种各样的想法，"比起 A 方法，B 方法不是更好吗？""也有 C 方法和 D 方法哦。""我有这样的想法，有可以跟我一起做的人吗？"用上述非指令式的方式来推进工作比较好。

爵士乐的节奏很快，它需要乐手之间的密切配合来决定即兴演奏的内容。这不是简单的修正主义，而是快速修正主义，不断地自主决定。爵士乐即兴音乐会就是这样，谁也不知道结果如何。不管是乐手还是观众，大家都很享受这个过程，都被一种不知道之后的表演会如何发展的未知的兴奋感包围。大家一起点燃爵士音乐会现场，此时此刻，乐手和听众都达到了按计划演奏无法达到的感动。

全面公开信息，树立标杆

读到这里，各位读者作为个体可能已经转变了意识。然而，很多企业仍无法摆脱传统产出经济的束缚。

对企业而言，公开过程是不可或缺的，但这样做也确实存在弊端。在产品上市之前就将其展示给大众，意味着或多或少会透露新技术或新创意，因此被其他企业模仿、跟风的可能性不小。既然如此，那全面公开信息的好处又是什么呢？答案是通过树立标杆来收集更多的信息。

我刚开始在外资咨询公司工作的 1994 年，互联网还没有普及，拥有手机的人屈指可数。当时麦肯锡公司经手最多的是什么项目呢？那就是不断收集对美国等发达国家的创新、投资、产品开发、市场营销等有用的信息，并根据这些信息为客户做提案，告诉他们"贵公司这样做比较好"，只要做这些工作就可以赚几千万日元。

20 世纪 90 年代中期，获取海外信息的渠道还不是很畅通。那个时候，向人们提供大洋彼岸的信息具有很高的价值。现在，只要在路上随便看一眼智能手机，就能轻松获取各类信息，比如"Clubhouse 从两三天前开始在世界范围内火起来了"等信息。在世界的某个角落传得沸沸扬扬的不实流言很快就会平息，机灵的学生当天就会把打假报告上传到"备忘录"（note）上。

过于相信"只有自己发现了新信息"的行为已经过时，信息本身是没有价值的，倒不如把手头的信息分享出去，并以此结交朋友。毫不吝啬地公开过程，这样能收集到更多信息，对自己也更有好处。

正如本书序言部分所说，大家对于这样的现象都有所察觉，但古川健介第一次用"过程经济"这个词来解释。很快，这个词就成了热门词，大家都开始使用"过程经济"这一说法了。

在互联网世界里，我们能清楚地看到谁是第一个树立标杆的人，我们也都可以成为第一个树立标杆的人。而且，人们的注意力会集中在最初树立的标杆上，那里也会聚集大量的信息和人才。于是，信息不断向那个地方汇聚，"对对，那个人是最早把过程经济用语言表述出来的人，和他取得联系，聊一聊会很有意思"。如此一来，最先树立标杆的人就能成为掌握最多信息资源的人。

支持创作者的第二创作者

日本一年出版的新书超过 7 万册，书店和社交网络服务上充斥着关于各种新书的信息，就算我写了新书并努力推广，也很难让新书突出重围获得人们关注。

不限于书籍，其他事物也是如此。比起创作，将其传达出去更加困难。"新书上架了，大家快来读一读吧！"这样宣传并不会吸引读者，他们早已被淹没在了信息的海洋里。

在书籍完成前的阶段，在社交网络上公开创作过程，大家一起收集信息和想法，结识愿意买这本书的伙伴。这样能在图书正式发售前就引发一波关注，这些关注者中有用实际行动支持这本书的伙伴，他们表示"我会制作油管网视频配合新书的宣传哦"。金刚二人组的成员西野亮广把这样的伙伴称为"第二创作者"。

公开书籍等作品的创作过程，以此增加支持这一过程的第二创作者。这样的话，在书籍等作品完成之后，即使放任不管，助威团也会帮你宣传推广。不断结交伙伴，热度便会不断扩散，这些伙伴集合形成社群，进而产生更大的热度，而且会掀起一股"想要跟上这波热度"的流行浪潮。

近年来，市面上掀起了一股珍珠奶茶热。一开始珍珠奶茶只是在城市的部分区域畅销，后来通过大家的口口相传开始大卖。电视、杂志、社交网络等所有媒体形式都在争相报道珍珠奶茶，卖珍珠奶茶的店铺也在以惊人的速度扩张。

卖书的方式也是如此，"到处都能看到这本书，看来我现在必须要读一读这本书了"这种想法会直接影响人们的购买行为。就这样，书不断加印而后成为畅销书，这种口碑的连锁效应在社交网络时代更加明显，造成了畅销品更畅销的现象。

某出版机构发布的"日本 2020 年商业图书排行榜"中，只有两本是新书，其他都是 2018 年或 2019 年出版的书。可见，出版一段时间的书比新书更畅销。前田裕二[1]的《笔记的魔力》发售了两年多，持续热销，累计销量突

---

[1] 日本直播软件 Showroom 社长。——译者注

破了 70 万册。之所以会出现这种现象，是因为很多畅销书都在社交网络上拥有第二创作者。

如果有第二创作者从作品发售前就开始与大众共享过程，那么即使发售时间久了，作品也会持续引发热议。相较于销量不佳的新书，持续畅销的旧书在社交网络上的信息反而在不断更新，相关社群也在不断扩大，让读者不断获得新体验。

《笔记的魔力》的装帧和腰封换了好几次，但每次都能在社交网络上引起热议，甚至有粉丝买了这本书的所有版本，并将照片上传到社交网络上。要想营造热点，必须从企划阶段就开始公开信息，召集第二创作者，让书在发售之后能够持续引发话题。

从企划阶段就开始参与整个过程的第二创作者，可以让作品的认知度从 0、1 扩展到 10、20。在这个信息爆炸的时代，信息很容易被淹没在广阔的网络海洋中。因此，有愿意主动为我们扩散信息的人显得格外重要。

外在型还是内在型

过程经济思维还能为产品的制造方法带来创新。

营销领域经常提到"外在型"和"内在型"这两个关键词。所谓"外在型",是指从销售额、目标、利润等结果出发,思考如何走向胜利的思维方式。"内在型"则与此相反,是以自己内心产生的冲动为起点的思维方式。

最近,无论是产品制造还是服务,都由"外在型"转为了"内在型"。在经济高速增长期,厂家观察用户的生活状态,认为"主妇的家务负担太重了,洗衣机应该成为家庭必需品",用这种为用户着想的态度减轻了用户的负担,提升了用户满意度。

手洗衣服的年代,到了冬天,洗衣服时人们的手会被冻僵,很辛苦。于是洗衣机的出现解决了这个问题。洗衣机普及后又出现了一个新的问题,那就是洗好的衣服在梅雨季节怎么也干不了。于是厂家又想到"如果有烘干机,主妇们就不用每次去自助洗衣房了，会方便很多"，然后生产出了烘干机，让晾衣服的问题迎刃而解。

用户告知厂家"发达国家里只有日本人还在用手洗碗"，从而促进了洗碗机的进口。"我们推出了一款能够解决您烦恼的新产品"，企业不断改进，填补产品的不足，基本满足了用户在物质方面的需求。因此，通过寻找用户的新痛点来解决问题的外在型产品已经很难打动用户了。

在物质得到满足的成熟社会，内在型产品比外在型产品更受欢迎，因为品牌想要通过内在型产品传达给用户"这个产品代表了我们的品位，如果它也能受到您的喜欢，一定会为世界增色"。

虽然不是生存的必要条件，但那些能让生活更加丰富的东西总会让人感受到魅力。提倡"意义创新"的意大利米兰理工大学教授罗伯托·维甘提（Roberto Verganti）指出："在制造内在型产品时，最好采用拳击法。"如果你突然把自己喜欢的东西以成品的形式输出给对方，可能会被对方以"我不理解""我从来没听说过这个"等为由拒绝。我总觉得，抽象的概念和信息很难传达到位。输出受挫会让人打退堂鼓，说不定会因此停止向他人传达自己喜欢的东西。因此，不要一下子把自己的喜好强加于人，试着用打拳击的感觉来交流是很重要的。例如，试着在推特上发一些自己喜欢的新产品的理念，然后根据大家的反馈和评论来打磨产品的方向。

如果用反复捶打的过程经济的方法来产生创意，那么品牌心中模糊的有关大众喜好的分辨率会大大提升，这样当产品或服务被推向市场的时候就更容易被大众接受。

前文讲过，公开过程的弊端之一是有可能会被其他人或企业模仿。但是，功能和性能可以复制，品牌的喜好和偏爱却无法复制。在过程经济中，重要的是如何将本品牌独有的特色传达给用户。从下一章开始，我们将看到更具体的过程经济的实践方法。

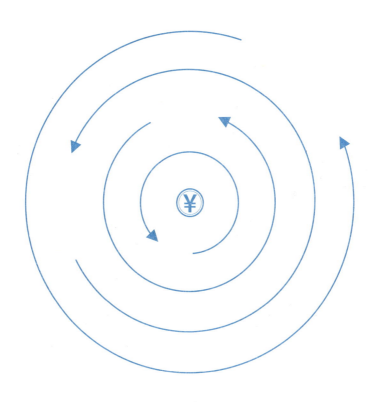

第 **4** 章

过程经济的实践方法

1 亿自媒体时代"为什么"的价值

至此，我向大家传达了过程经济的重要性，接下来，我将介绍在实际工作中如何公开过程。只是单纯地公开产品的制作过程并不足以让人感受到产品的魅力。实践过程经济，最重要的是找到你心中的"为什么"（为什么要做的哲学）。

面向小学生的"将来想从事的职业"问卷调查结果显示，油管网博主、棒球运动员、足球运动员、艺人、西点师等热门职业位居前列。当每个人都在油管网和照片墙上表示"我想成为一名网红"时，普通的网红已经无法生存了。

这个时代，每一位互联网用户都是一个自媒体。这样算来，日本有 1 亿自媒体，这导致人和物都很容易被互联网埋没。即使某位网红的粉丝和订阅量暂时增加了，也会在其他新的网红出现时很快被淘汰。所以，网红市场完全

处于红海状态 ①，现有的网红也可能在一夜之间失去他的价值。

当有几千万人在油管网等社交平台上发布内容时，仅靠输出的内容已经无法实现差异化。比如，擅长传达知识的学习类博主就有 Hiroyuki、心理专家大吾（Daigo）、东方收音机 ② 的中田敦彦等。此外，普通上班族和家庭主妇也加入了互联网这个大战场。想要单凭"输出的内容"与他人一决胜负，在红海市场中脱颖而出绝非易事。

在这种情况下要想赢得粉丝，明智之举是不要一味想着只靠内容来一决胜负，还需要向粉丝展示"怎么做"（本领），也就是为什么能创造出这些内容。而且，最重要的也不是"怎么做"，而是"为什么"（为什么要做的哲学）。

就拿矢泽永吉 ③ 来说，直到站上舞台前，他都会对别人不太在意的细节一丝不苟。追求极致的背后是矢泽永吉做人的哲学，粉丝们也被他的哲学吸引。如此一来，矢泽

① 饱和状态。——译者注
② 日本搞笑组合。——译者注
③ 日本摇滚乐手。——译者注

永吉的一举一动都让人感觉魅力十足。"什么"和"怎么做"可以用一定的标准来衡量，可以有优劣之分，而"为什么"则是由一个人的生活方式所决定的。

通过公开过程，与粉丝分享"为什么要那样做"的"为什么"哲学。在这个有 1 亿自媒体的红海市场中，越想要获得大众的关注，就越可能会变得愈发激进，结果反而做出现有热门内容的同质化内容，你的原创性也会越低，最终失去特色，被湮没在互联网世界里。要想持久生存下去，最重要的是公开你心中的"为什么"并以此获得粉丝的深度支持。

如果没有"为什么"会怎样呢？美国众筹平台 Kickstarter 上展示了很多最新产品。但是，新产品发布两周后，人们经常能看到虽然性能打了八折但价格只有原产品一半的类似产品在他国市场推出。我把这称为"Kickstarter 的悲剧"，由此可见，如果过程中没有"为什么"，就很容易被模仿。而且，因为有价格低廉的产品进入市场，所以同类产品的生产者都会被卷入低价竞争。为了避免出现这种情况，深究"为什么"是很有必要的。

传统文化的"心技体"

我认为"什么""怎么做""为什么"和日语的说法"心技体"很相似。有了体（什么）和技（怎么做）之后，最重要的是心（为什么）。只有心技体一致，才能拥有超越时代、打动人心的力量。

传统工艺的匠人和歌舞伎演员经过长年累月的训练，心技体达到了一致。历经几百年的悠久历史传承下来的体（什么）的部分很难解释清楚，技（怎么做）的部分也是一样，如果不是相关方面的达人则无法深入理解。然而，心（为什么）是体和技的根本，也是坚实的基础，所以它能在时代的潮流中留存下来。可见，心（为什么）才是最美味的果实。

日本广播协会（NHK）的《行家本色》[①]和日本每日放

---

① 日本纪录片，日本 NHK 电视台的王牌节目。该纪录片每期介绍一位日本专业领域的"大拿"，全方位展现他们的工作状态、精神信条及理念，被誉为"燃情的职场灯塔"。宫崎骏、高仓健等 350 余位行家在片中悉数登场。——译者注

送电视台的《情热大陆》^①等节目都将"心（为什么）"拍成了纪录片，以易于理解的方式传达给大家，从而收获了超高人气。

一般人平时看到的只是最终的成果，即体（什么）和技（怎么做），而做人的坚持——心（为什么）却很难被外界知晓。用镜头记录下创作的过程，观众才会了解"原来是这样啊"，从而更加钟情于匠人们的作品。

新客户很难对专业技术和作品的好坏做出评判，但他们可以对一个人的坚持和执着产生共鸣。在致力于增加新客户和新粉丝的过程经济中，我们应该分享的是心（为什么）。

---

① 由日本每日放送电视台制作，通过 TBS 电视联播网播出的一档人物深度纪录片节目。以日本各行各业中的杰出人物为题材，通过长时间跟拍，揭秘人物在工作中的细节、生活中的喜悦伤悲、人物的过去以及对未来的展望，用比较客观的镜头反映出人物的鲜明性格和生活状态。——译者注

乔布斯去世后苹果公司面临的课题

　　乔布斯时代的苹果公司凭借"心（为什么）"在全世界掀起了一股热潮。"你可以改变，我将为你提供改变的武器。"乔布斯的这句话打动了很多人的心。

　　拿苹果公司来说，心技体中的"体（什么）"是苹果电脑或苹果手机，"技（怎么做）"是苹果公司的技术，"心（为什么）"则是乔布斯的精神。乔布斯当然会展示"体（什么）"和"技（怎么做）"的魅力，但他更是用鲜明的语言表达了苹果公司这一世界级企业的"心（为什么）"。

　　"我们相信有热忱的人能改变世界，使其更好。"这是乔布斯在著名的《非同凡想》（*Think Different*）广告的活动中说的话。1997 年，乔布斯回到濒临破产的苹果公司，推出了《非同凡想》的广告，试图重振品牌。在《非同凡想》发布前，乔布斯在公司内发表了一段不到 7 分钟的演讲，其中，他提到最成功的营销案例是某运动品牌。

对我来说，营销讲的是价值观。

（略）

最棒的营销案例是 X（某运动品牌），这个运动品牌可以称得上是营销界史无前例的强者。注意，这个品牌是卖商品的，他们卖鞋子。但当你想到这个品牌时，你会觉得它和普通鞋厂不一样。他们在广告中不怎么提自己的产品，也不提他们的产品比其他品牌好在哪里。

那么，这个运动品牌的广告在表达什么呢？广告赞美了伟大的竞技体育和运动员。

也就是说，赞美竞技体育和运动员的精神才是该品牌的核心价值观，也就是"为什么"。而苹果公司的核心价值观就是前文提到的"我们相信有热忱的人能改变世界，使其更好"。

苹果公司的存在并不只是制造一些帮助消费者完成工作的工具，尽管在这方面我们做得比谁都好，甚至在某些领域我们做到了最好。但苹果公司不止于此，苹果公司的核心价值观在于，我们相信有热忱的人能改变世界并使其更好。

我们一直在和这样的人合作，比如软件开发者、用户以及你们，我们大家在或多或少地改变这个世界。

我们确信，人们能让这个世界变得更美好。只有那些疯狂到认为自己能够改变世界的人，才能真正改变世界。

苹果公司支持心怀热忱的人，苹果公司和有热忱的人一起不断冒险。正因为认可苹果公司的这种"心（精神）"，所以用户才会不惜花费较贵的价格买苹果手机。可以说，苹果手机的用户不是为了"体（什么）"和"技（怎么做）"，而是在为"心（为什么）"的溢价买单。

距离 2011 年 10 月乔布斯去世已经十多年了，苹果手机的用户虽然还能勉强感受到他留下的精神，但也开始意识到苹果手机已经没有那么突出的创新了。乔布斯去世后，苹果公司面临的课题或许是如何将其骨子里的"心（为什么）"传达给大众，而不只是创造优秀的产品和先进的技术。

西蒙·斯涅克的 TED 演讲

　　大家在启动项目或着手工作的时候，是否牢记我们要共享的是"为什么"，这会造成结果产生很大的差异。如果没有意识到"为什么"的部分，你脑海中的思想就无法深入地传达给成员们。

　　从一开始就明确设定"为什么"，这样人可以更容易采取行动。有一段大约 18 分钟的视频对这一点做出了解释，它就是作家西蒙·斯涅克 [1]（Simon O.Sinek）做的 TED 演讲。在搜索引擎网站搜索"伟大的领袖如何激励行动"就可以找到这个视频。顺便一提，TED 是 Technology（技

---

[1]　因发现黄金圈法则而得名。他的 TEDx（由本地 TED 粉丝自愿发起、自行组织的小型聚会）演讲《伟大的领袖如何激励行动》在 TED 大会里观看次数最多的视频中排名第七。——译者注

术）、Entertainment（娱乐）、Design（设计）的英文首字母缩写。

为什么苹果公司的创新能力这么强？为什么它就有那么一点不同寻常呢？

为什么马丁·路德·金能成为民权运动的领袖呢？

为什么莱特兄弟能够造出动力控制的载人飞机？

提出这些问题的同时，西蒙·斯涅克不厌其烦地多次强调"为什么"的重要性。

"人们购买的不是你的产品而是你的信念。"西蒙·斯涅克强调，我们应该转变现有思维，致力于通过过程来与大家共享"为什么"。

西蒙·斯涅克的这次演讲原本是在美国一个偏僻的乡村举办的 TEDx 上的演讲，由于反响太过热烈，因此两年后出版成书，五年后又在正式的 TED 上进行了演讲。

这再次证明了两件事。其一，人们会被强烈的信念，也就是"为什么"所驱动。其二，在看不到正确答案的情况下，最重要的是对"为什么"的认同感。正因如此，西蒙·斯涅克的演讲获得了大家的广泛认可，并通过视频被分享出去了。

乐天人气店的三大特征

我已经告诉过大家,"为什么"对于共享过程非常重要。为了便于大家理解,在此我将结合具体事例进行说明。

我们来试着分析一下乐天 ① 的人气商店。在乐天,畅销店铺有三大特征,这些特征可以看作是对"为什么"的高分辨率要素分解。它们是人带着"为什么(意义)"走向某个目标时会出现的三个要点。

(1)微兴趣(属于自己的坚持)。

(2)承诺(坚持到底的责任感)。

(3)弱点的自我暴露(小小的失败)。

如果想享受便宜快捷的网络购物,亚马逊比乐天更方

① 即乐天市场,日本知名网购平台。——译者注

便。既然如此，顾客为什么还要在乐天购物呢？因为他们追求的不是枯燥乏味的购物体验，而是近距离接触店主，一边听着介绍一边寻找想要的东西的购物体验。比起商品的质量和价格，顾客更会被店铺的"为什么"所吸引，这正是一种过程经济。下面我就为大家介绍一下乐天人气店的特征。

第一个特征是"微兴趣"。在乐天，你会发现有对红酒非常了解的狂热店主。某位店主一生致力于采购便宜又好喝的智利葡萄酒。即使是少有人知的冷门智利葡萄酒，去那家店也一定有卖。店主深挖这家店独有的特色，也就是不同于其他店的"微兴趣"。有的顾客从店主身上看到了宅男的个性和执着，就会对店铺产生兴趣，认为"这家店看起来很有趣，想买这家店的葡萄酒"。

第二个特征是"承诺"。智利葡萄酒店的宅男店主非常认真地和进口商交涉，为了保证葡萄酒的品质，他在运酒的箱子上也花费了很多心思。顾客能够感受到店主的这种责任感，因此也会给予这家店好评，认为店主是在用心做事。于是，顾客对这家店的感情就从单纯的兴趣上升为了强烈的信赖。

以前，秋叶原是世界著名的电器一条街，在这里，电器相关的小零件应有尽有，可以满足顾客的一切需求。顾客想买某样东西的时候，只要向店员稍微打听一下，他们就会告诉你："啊，你要找的东西在石丸电器①的三楼，那里有一个很了解真空管的人，他也很了解扬声器。"

去秋叶原你会遇到很多可爱的宅男店长，他们坚持自己的想法，对顾客照顾周到。这样的店突破了顾客与店主之间单纯的枯燥无味的关系，打造了一个有温度的社群。

---

① 日本关东地区的老牌家电连锁商。——编者注

失败引发共鸣

　　第三个特征是"弱点的自我暴露"。对于在乐天买了商品的顾客，之后乐天的店家还可以给他们发送电子杂志。由于很多人会退订电子杂志，因此有时店家在给顾客寄商品时会附上纸质版的感谢信，并在这些电子杂志和感谢信中加入做生意失败的经验和内部故事，与顾客分享。

　　"由于无法采购到令人满意的葡萄酒，公司的经营陷入困境。但我们还是很努力地把这瓶葡萄酒带到了日本。"这样的小故事很容易引起人们的兴趣，配着下酒菜越读越起劲。

　　顾客也许会从这些故事中了解到店主的性格，比如"这个人对工作很执着，对一般人不会在意的事情也一丝不苟""这个人虽然不擅长做生意，但他有坚定的信念"。

　　暴露"我有这样的弱点"会拉近客人和店主之间的距离，双方的关系会更亲密，就像走在同一条路上的伙伴一样。

"店长你又犯错了，不过也没办法啊，你实在太辛苦了。那我就再买 6 瓶酒吧，下次可要多进一些好酒哦。"就像这样，顾客能感受到店主的人格魅力，进而成为他们的粉丝。

只要登录乐天网站，你就能找到很多对自己的兴趣爱好很执着的店主，从而不自觉地想要支持他们。顾客不仅是在购买商品，他们同样喜欢店主的真实。顾客的情感已经超越了对商品的喜爱，整个购物过程中甚至产生了人与人之间的连接，这就是过程经济。

乐天的人气店重视"为什么"并依靠过程经济取胜，这带给我们的启示是：要从功能性竞争和低价竞争中解脱出来，专注而有趣的人终将获胜。

两种共鸣

过程经济的有趣之处在于，如果能与持有这种坚定的"为什么"的人产生共鸣，周围的人就会想要支持他。但是，在这里我想郑重地告诉大家，日语中的"共鸣"分为同情（sympathy）和理解（compassion）两种。虽说都是共鸣，但其中也有微妙的差异。

"同情"的词源是"同步的感情（pathy）"，"我弄错了，采购了过多的饭团，现在是危急时刻，大家来帮帮我吧！"便利店店主在推特上发出这样的号召，于是大家纷纷去这家便利店购买饭团表示支持，这样的活动时常成为热点新闻。

当你发现一个人看起来很辛苦时，会心生同情并采取行动支持他，一份份小小的力量汇聚起来就凝成了强大的力量。这种活动很容易获得大家一时的共鸣和支持，但它并不会持续太久。即使这家便利店第二天和第三天也说

"我太难了"，人们也不会只支持某个固定的人。

另一种共鸣是"理解"。"com"的词源是"accompany with"（陪伴、和某人一起），"passion"一般解释为"熊熊燃烧的热情"，但实际上也有"被钉在十字架上的耶稣受难"的壮烈之意。即使知道他日会在加略山被处刑，也要坚定信念来拯救世界，这就是为什么耶稣会誓死坚定信念。"哪怕燃烧自己的身躯也要实现这个目标。"如果有这样的人在坚定地朝他的目标前进，大家就会自然而然地想要与之同路，这种共鸣才是持久的。

这两种共鸣没有孰好孰坏，在过程经济中，只要能产生共鸣就是好的。但我们不能笼统地对待"共鸣"，重要的是要认识到共鸣属于哪种类型。

丛林巡航型还是户外烧烤型

在本章的结尾，我将介绍过程经济中与客户共享过程的两种模式，分别是丛林巡航型和户外烧烤型。

迪士尼乐园的丛林巡航项目为什么那么受欢迎呢？因为参与这个项目的每位游客都是一起冒险的伙伴。

"右边飞来了一颗子弹！""前面也来了！"听到船长的喊声，大家吵吵嚷嚷，感受着在最前线冒险的感觉。

通过过程经济聚集到一起的人，可以体验到如同参与丛林巡航一般的兴奋感。推出改变世界的服务，创造前所未有的娱乐，在一个实际上没有危险的地方来一场实现梦想的大冒险，这才是最大的价值。

另外，还有一种需要每个人都付出实际行动，大家一起共同完成的户外烧烤型过程经济。户外烧烤型过程经济会预先留下很多空间，以便各种不同类型的人参与进来。户外烧烤店的作用不仅是烤肉，还是能促进人与人之间交流的场所。有人擅长耐心地扇风送气，点燃木炭来生火；有人会把菜洗净切好，为后续操作做好准备；大家饱餐完后，收拾东西的人也不可或缺；还有人虽然什么事都不做，但会活跃气氛。

从某种意义上讲，户外烧烤型是一种典型的过程经济。重要的是这个过程中有很多种小的工作，可以让不同的人愉快地参与其中。而在餐厅吃牛排的时候不能这样，因为厨师会帮忙烤肉，所以客人没有参与的余地，也不会形成社群。所以，要想以户外烧烤的模式开展过程经济，关键在于准备很多种工作，让每个人都有用武之地。

佐渡岛庸平[①] 曾说，要想让人参与进来，首先要让社群成员感受到"我可以在这里"，这点很重要。要做到这点，最简单的方法就是赋予其角色。例如，转校生刚来学校时，如果发现自己在学校里没有起到任何作用，就会自我怀疑"我可以待在这里吗"。但是，如果被老师分配了"请你负责给金鱼喂食"的任务，他就会觉得"我可以在这里"，有一种融入集体的感觉。

―――――――

① 　日本知名漫画编辑。——译者注

　　综上所述，在创建社群的过程中，要有意识地留出空白，准备更多的工作让大家可以参与，这一点非常重要。

　　是做丛林巡航模式下挑战过程的见证者，还是在户外烧烤模式下和大家一起创造过程？过程经济的方法不止一种。下一章中，我将以灵活运用过程经济的企业为参考，思考如何用最适合的方式来传达自己的"为什么"。

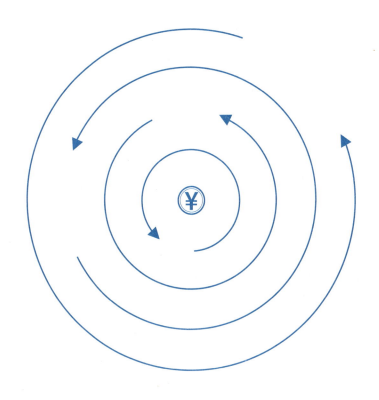

第 **5** 章

过程经济的案例合集

防弹少年团^①打入全球市场的原因

2018 年，防弹少年团（BTS）荣登美国公告牌（Billboard）音乐排行榜的单曲榜单第一名。此后，他们于 2019年、2020 年连续两次作为嘉宾受邀参加格莱美^②颁奖典礼，甚至在 2021 年获得了格莱美奖的提名。此外，防弹少年团的全球巡演也大获成功，他们成为世界著名艺人。

以防弹少年团为首的韩国流行音乐（K-POP）为什么会被世界各地的人们接受呢？这是一个有趣的课题，哈佛商学院甚至针对该课题发表了相关研究论文。其中一个原因是，通过对过程经济的设计，韩国流行音乐已经成为全球性的内容。

对音乐人来说，最终的成果是发行的专辑，但防弹

① 韩国男子组合。——译者注
② 全球性的音乐奖项，含金量非常高。——编者注

少年团并没有对七位成员的肖像权进行硬性约束。被称为"军队"（ARMY）的防弹少年团忠实粉丝通过内部众筹资金，自掏腰包在涩谷109等东京最显眼的位置刊登防弹少年团的广告。参与众筹的人拿出少量资金来帮防弹少年团打广告，即使广告中使用了成员们的照片，事务所也不会向他们索赔。

另外，粉丝还可以在油管网上随意使用防弹少年团的歌曲，也可以自由上传防弹少年团的舞蹈视频或发表评论。粉丝会研究防弹少年团的舞蹈，详细介绍如何才能完全复制，然后发布视频。就这样，防弹少年团的粉丝和主动为他们做宣传的第二创作者们不断增加。

那么，防弹少年团在美国走红之前，在哪个国家赚的钱最多呢？答案出人意料，是中东的阿拉伯联合酋长国（以下简称"阿联酋"）。BigHit（防弹少年团所属事务所）的员工来到阿联酋，他们一边与当地的"军队"交流，一边与粉丝一起思考如何在中东推广防弹少年团，这样一来，就把粉丝变成了防弹少年团的同行者。他们就像传教士完成使命一样，在未开发的土地上培养传达韩国流行音乐魅力的第二创作者。BigHit以过程经济的方式巩固了"军队"，并陆续将合作范围扩大到阿联酋以外的其他国家。

防弹少年团歌曲的歌词中，既有令人心动的富有哲学意义的句子，也有可以解读为带有启发意味的句子。这种过程让人们认识到，不是单纯地唱歌跳舞就能变得幸福，而是通过这些引起大家的共鸣，让人们在哼歌的时候突然觉得"咦？我也有这个问题""这是我们所生活的社会存在的问题"。

"为什么"被牢牢地嵌入每个人的人生故事中。只要防弹少年团能一直像这样和大家一起分享过程，他们的粉丝就会一直陪着他们一起走下去。可以说，用缜密的战略打造出来的防弹少年团走红是必然结果。

杰尼斯事务所缜密的粉丝战略

其实杰尼斯事务所也一直在用过程经济的手段来推销艺人。SMAP① 和岚② 的成员们并不是突然华丽出道的，进入事务所的成员首先都要从已经出道的组合的伴舞开始做起。

粉丝们从他们默默无闻的时代开始就一直支持着他们，见证了他们为作为组合出道的梦想努力奋斗的过程。杰尼斯事务所很了解如何推出偶像，当杰尼斯事务所的成员的人气和知名度逐渐提高，推销他们的密度和浓度提高到某个阶段的时候，他们才有机会以组合的形式出道。杰尼斯事务所旗下的艺人举办演唱会时，光是粉丝俱乐部的成员就可以让现场座无虚席。在这种全是热情粉丝的地方，不知道 Johnny 喜多川③ 先生又有怎样的高招呢？据说

---

① 日本歌唱组合。——译者注
② 日本偶像团队。——译者注
③ 本名喜多川扩，生前任杰尼斯事务所的社长。——译者注

他会控制演唱会门票的分配情况，安排那些可以坐同一班电车回家的人坐在一起。

回家的电车上，一个女生正一边回味一边感叹"今天的演唱会真不错啊"，这时坐在她旁边的人也拿着杰尼斯事务所的周边商品，听到她这么说，赶忙过来搭话："你也去演唱会啦，那首歌真是太棒了！"在电车上两人聊得热火朝天，自那之后她们就成了朋友。这是一个通过共享话题来形成粉丝社群的例子。虽然不能确定这件事的真实性，但它是重视粉丝的杰尼斯事务所独有的故事。我想，现在这个故事将再次带给大家启发。

在互联网播放服务和在线社群活跃起来之前，偶像的粉丝们会用磁带或唱片播放歌曲，大家一起听听歌、聊聊天，逐渐积累自己对偶像的热情，日后在偶像的演唱会现场再将这些热情彻底释放。

一直以来，杰尼斯事务所都奉行过程经济。现在，很多平台都可以免费收听音乐，这很容易让人认为音乐市场正在萎缩。但事实并非如此，今年，高质量的现场演出和演唱会市场的销售额翻了一番。演唱会周边商品的销售额也在增长，毛巾等周边商品卖得跟演唱会门票一样好。另外，越来越多的艺人开始通过 SHOWROOM 等直播平台发布日常练习和生活的视频，并获得打榜收入。

新冠疫情让娱乐市场遭受重创，但一旦疫情结束，渴望现场音乐的人们就将再次涌向演唱会现场。即使艺人在油管网上的输出是免费的，支持艺人创作活动的过程也会提高粉丝的热情，过程本身就可以产生收益。

小米的全民智能手机

除了娱乐行业，其他企业也会采用过程经济的方法，2010 年在中国创业的小米科技公司就是典型案例。

小米科技公司最引以为傲的一点是，继三星、苹果、华为等公司之后，其全球智能手机的市场份额位列第四（2020 年出货量）。小米科技公司还在 2019 年年底成功打入日本市场，只要 5 万日元就能买到支持一亿像素拍摄的小米手机。

要想以实惠的价格买到一部智能手机，就必须在功能上有所取舍，不要指望它具备三星和苹果手机所配备的全部功能。对你来说，最好用的智能手机是什么呢？随着软件的不断发展，很多手机即使硬件水平一般，使用起来也很方便。

小米科技公司非常重视粉丝，称他们为"米粉"。小米科技公司会在拥有 3000 万人的网络社区中公开产品的信息，收集人们对产品的改进意见，并且在每周一更新信息。小米科技公司听取了大家的很多想法，和用户一起做出了理想的智能手机，而这些用户在智能手机正式发售前就已经成为潜在顾客。

这种方法遵循了小米科技公司的"口碑营销铁三角"的基本战略（见图5-1）。"铁三角"由"产品""社群"和"信息内容"三大要素组成。

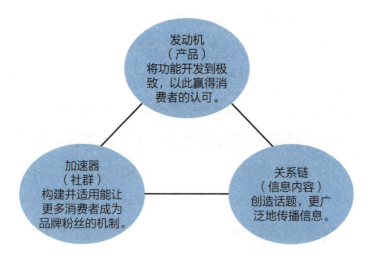

图 5-1　小米科技公司的"口碑营销铁三角"战略

小米科技公司确保产品的设计感强、价格合理，并在社群内公开产品发售前的全过程，给用户分享有用的、让人感兴趣的内容，积极地在产品中反映出用户的意见。这样做带来的结果是，产品发售时用户更喜欢小米手机了。这正是过程经济。

在"煤炉"上卖菜

日本最大的二手交易平台"煤炉"（Mercari）的功能不仅是买卖二手物品和回收闲置物品。聪明的农家把"煤炉"作为产地直销的商店使用，他们将农民种植的新鲜蔬菜以低廉的价格直接送到消费者手中。

在"煤炉"上卖菜有两个好处。第一个好处，因为农家直接和顾客打交道，所以蔬菜的价格比较低。通过农协[1]销售农产品，农产品在流通过程中会被农协和批发商从中抽取利润。而在超市和蔬果店销售的话，因为店家需要支付高额房租、水电费和人工费，当然也必须从利润中分一杯羹。但是，如果在"煤炉"直接销售，农家就可以获得被中间商从中抽走的全部利润，即使扣除包装材料的成本和运费，也能获得足够的收益。

---

[1]　即日本农业协同工会。——编者注

　　从过程经济的角度来看，在"煤炉"上卖菜的第二个好处非常重要，那就是建立起生产者和顾客的直接联系，让他们可以作为回头客继续购买蔬菜，形成一个温暖的粉丝社群。

　　"今年因为暴风雨，我们的种植过程很辛苦，但我们还是种出了这样的西红柿。""今年青森的大蒜收成很好。"生产者本人亲自这样写道，并附上照片打印出来，将其和蔬菜一起邮寄给顾客。

　　如此一来，顾客就会期待再次购买他家的蔬菜，因为在购买产出（蔬菜）的同时也能享受过程（农家故事）。以"煤炉"为载体，过程经济也为农业带来了变化。

"北欧·生活道具店"成功的原因

我上学的时候，班上有好几个女生很喜欢看《Olive》[①]杂志，她们被称为"Olive 女孩"。她们在班里不太显眼，看着很朴素，她们虽然心里知道"杂志上的地方不是我家""那个东西不属于我"，但回家打开《Olive》的时候还是会觉得"哇，这简直是我向往的生活方式"。

网站"北欧·生活道具店"设计得很好，可供"Olive 女孩"这样对生活比较讲究的人购买商品。她们希望自己的生活可以被简单时尚、实用且有设计感的东西包围，"北欧·生活道具店"为有这种想法的人提供了绝佳的购物渠道。

---

① 日本女性杂志，1983 年创刊，2003 年停刊。除了时尚穿搭，杂志里还有很多舒适的生活方式和创意的观点，当时一度被日本女孩奉为"时尚圣经"。——译者注

网站创办者青木耕平说："我们卖的不是东西，而是电影院的门票。"简单时尚的北欧式生活令顾客心生向往，"北欧·生活道具店"并不满足于只以网购的方式出售商品，面对这些顾客，网站会以文章和视频的方式及时分享公司采购商品的想法和理念（为什么）。

"北欧·生活道具店"的官方频道在油管网上发布的视频月播放量超过 100 万次。其中，系列短片《青叶家的餐桌》让人沉浸在"北欧·生活道具店"营造的世界观中，播放量累计超过 600 万次，还被拍成了电影。

"北欧·生活道具店"会与顾客共享过程和故事，比如"制作者是怀着这样的想法来制作这件商品的""这件商品的历史是这样的。在此基础上，我们针对日本消费者进行了专门的设计和定制"，这才是最大的乐趣，购买商品就是购买见证这个过程的门票。

游戏实况和 Clubhouse 大受欢迎的原因

过程经济的有趣之处在于它能够让人的个性显露出来。进入 2021 年之后，邀请制的音频社交软件 Clubhouse 登陆日本并迅速流行起来。

在 Clubhouse 流行之前，油管网的游戏实况盛极一时。本田翼[①]和手越祐也[②]也在油管网上进行游戏实况转播。为什么游戏实况会那么有趣呢？

游戏基本上就是一个故障触发装置。好不容易顺利打倒了敌人，清除了障碍，却因为注意力不集中而失败，游戏突然结束。玩家忍不住捶胸顿足，发出"啊"的悔恨之声，这时，平时不轻易表露的自我就流露出来了。因为游戏实况能展现玩家失误后的情绪和个性，所以才很有趣。

───────────

[①]　日本演员、模特。——译者注
[②]　日本歌手、演员。——译者注

如果没有任何阻碍就顺利通关，观看游戏实况的观众就会感到无聊。比起目标，过程本身才是内容。

　　除了发生矛盾的时候，人在与他人产生连接时也会流露出自己的个性。Clubhouse 这款音频社交软件将人与人之间产生连接的不可预测性以及协作的趣味可视化了。

无法预测的过程才是最好的果实

多人手机云视频会议软件中目（Zoom）是为召开会议、接受采访等需求社交而设计的高效率服务软件。因此，它并不适合非需求社交。在这一点上，Clubhouse 非常适合"偶遇有趣的人并与之愉快交谈"的非需求社交。更进一步说，Clubhouse 是交流会触发装置。

有一个词叫作"偶遇"（Casual Collisions），比如你走在路上偶然碰到一个认识的人，说一声"好久不见"，然后你问对方"你最近在做什么呢"，从这样的闲聊开始，越聊越起劲，最后干脆说"我们去喝一杯吧"。然而，因为新冠疫情的出现，人们不再见面，转而开始远程办公，线下生活中的"偶遇"也就无法发生了。而在 Clubhouse 平台上，人们之间很容易产生因新冠疫情而失去的"偶遇"。

Clubhouse 是一个邀请制的平台，只有被知道自己电话号码的人邀请才能加入。有时候用户只能听到自己关注的人所在的房间里的对话，这种机制就很容易诱发"偶遇"。

新冠疫情发生前，信息技术的创业者和从业者每天晚上都会在六本木和西麻布喝酒。只要在连我 ① （LINE）上面发一句"我现在在这里"，几分钟内大家就会坐出租车赶到。"他在那家店，我们去吧。""他在叫我们，走吧。"诸如此类的"偶遇"如今已经有一部分转移到了Clubhouse 上。

另外，Clubhouse 上并不是只有 DMM② 的龟山敬司 ③ 会长和市川海老藏 ④ 这样的强者，也有普通人和一些比较轻松的社群，比如动漫社群和高中生社群等。去听这些社群的聊天，感觉好像放学后在练歌房包厢里听学生闲聊一样，非常有趣。

20 多岁的年轻人为自己是恋爱弱者而烦恼，他们向周围人提出如何才能顺利恋爱的问题。在 Clubhouse，既有名

---

① 一款即时通信软件。——译者注
② 日本的综合性网站。——编者注
③ DMM 网站的创始人。——译者注
④ 日本歌舞伎演员。——译者注

为"恋爱休息室"的房间，也有面向钓鱼爱好者和桑拿爱好者的房间。这里就像新宿黄金街和涩谷的 Nonbei 横丁 ①一样，店铺鳞次栉比，且每家店的客人群体特征都很鲜明，比如文艺酒吧和钓鱼爱好者聚集的酒吧。5 ~ 6 人叽叽喳喳地聊天时，可能会突然有名人加入他们的聊天，这正是 Clubhouse 平台的魅力所在。

等新冠疫情结束后，大家又会像往常一样在酒吧里把酒言欢。在日常生活完全恢复正常前的这一阶段，出现了像 Clubhouse 这样的平台，展现了人与人之间相互交流的过程，这是一个有趣的现象。

不过，或许是因为热度消耗得太快，Clubhouse 逐渐失去了势头。但过程经济的巨大潜力已经显现了出来。

---

① 一条位于涩谷站旁的小巷，里面有近 40 家规模不大但每一家都有着怀旧与温暖情调的居酒屋。——译者注

美捷步——销售额 10 亿美元的企业

下面我将为大家介绍美捷步（Zappos）[①] 网站史上最有意思的案例。

很多企业为了销售自己公司生产的产品而在流通环节支付高额手续费。如果不这样做，自家产品甚至不能在网站上架。像亚马逊和乐天这样的网络电商平台会抽取销售额的 10%~20%，甚至 15%~25%。

要想在电商平台上卖出更多产品，企业必须通过打广告来吸引顾客，在谷歌和脸书上花费的广告成本也高达销售额的 10%~25%。也就是说，为顾客提供产品的企业为了吸引顾客，需要持续支付接近销售额 1/3 的费用。

在过程经济中，随着粉丝和伙伴的不断增加，企业没

---

① 美国一家销售鞋类产品的 B2C 网站，1999 年成立，如今已成长为网上卖鞋的最大网站。——译者注

有必要再为了扩大流通、吸引顾客而支付庞大的宣传费。企业会与粉丝直接产生连接，而不是依赖于某个分销平台。同时，企业不再面向非特定的多数人打广告，而是和粉丝形成共赢的局面。企业多出来的这一部分钱可以用来提升产品的品质，也可以用于投资新产品。

鞋子这种商品，因为只有实际穿上脚才知道舒适度如何，所以鞋子是最不适合在电商领域销售的产品。尽管如此，美捷步自 1999 年创立以来，不到 10 年就实现了年销售额 10 亿美元（2008 年）。

"我们只是一家经营鞋子的好客服务企业。""我们要给大家带来更多惊喜！"提出这些想法的美捷步又是如何展现它的热情好客的呢？比如，顾客向客服提出诉求："我想要这样的鞋子。"如果美捷步没有顾客想要的鞋子，工作人员会打电话到顾客住所附近的商场，确定有货之后致电顾客："您好，我们查到在距您家 1 英里（1 英里 ≈ 1.6 千米）外的商场有您想要的鞋子，您可以前往购买。"顾客倍感惊喜，"真棒！"涌上心头，而且，顾客会自然而然地想要把这种惊喜的心情与他人分享。

一旦爱上了美捷步，即使价格略高于其他平台，顾客下次也还会想在美捷步买鞋。而且，顾客间的口口相传还能不断为美捷步带来新粉丝。渐渐地，美捷步 3/4 的销售额都来自回头客。剩下的新顾客中，有一半则是因为美捷步的好口碑前来买鞋子的。

这样导致的必然结果是，企业的流通经费和广告费得到了有效控制。在共享"为什么"的过程经济下，企业使用金钱的方式也会发生改变。

广告宣传费为零的企业

一般来说，企业会将销售额的 1/5 到 1/3 用于广告宣传，将销售额的 40% 用于流通。而美捷步即使不投入这笔费用，也能吸引对过程产生共鸣的回头客购买鞋子。

美捷步支付的广告费仅占销售额的 1%，但他们仍然吸引了众多回头客，那为什么还要打广告呢？这一点要看美捷步的经营理念。

美捷步制作了一则称赞员工的广告片，广告语是"美捷步的员工都非常热爱顾客，我们为有这样热爱顾客的员工感到很高兴"。

美捷步的理念是"给大家带来更多的惊喜"，这一理念不光针对顾客，对员工来说也一样。美捷步旨在让企业、员工、顾客形成一个热情高涨的社群。可以说，美捷步的这一选择敏锐地捕捉到了过程经济的本质。

值得一提的是，美捷步于 2009 年被亚马逊收购，当时它刚成为销售额突破 10 亿美元的企业。美捷步对亚马逊开出的条件是"不要插手我们的经营和文化",亚马逊的创始人杰夫·贝佐斯不惜接受如此强硬的条件也要将美捷步纳入麾下。

"只要销售额持续增长,我绝不干涉美捷步的经营和文化。"基于这样的约定,美捷步在被亚马逊收购之后也一直坚守着原本的企业文化。

爱彼迎 [①] 和 Stripe [②]

作为硅谷最大的孵化器（创业公司支持组织），Y Combinator [③] 每年会有两次接收来自世界各地的大量创业投资申请，然后从中严格筛选出大概 100 个项目，花三个月将它们打磨成产品。

Y Combinator 与创业公司的面谈将以"面谈时间"（office hour）为题在油管网上公开。一般来说，这样的过程是不会对外公开的。将通常不公开的过程公开给大众，从这个意义上来讲，这就是过程经济。

Y Combinator 的努力催生了爱彼迎（Airbnb）和 Stripe

---

① 一家联系旅游人士和家有空房出租的房主的服务型网站，它可以为用户提供多样的住宿信息。——译者注
② 在线支付服务商。——译者注
③ 成立于 2005 年，是美国著名创业孵化器，Y Combinator 扶持初创企业并为其提供创业指南。——译者注

等改变世界的企业。Y Combinator 根本不关心创业公司展现的小聪明，他们会深入挖掘创业公司"为什么"的部分，以及那些刻在创业者骨子里的故事。在这样的谈话过程中，创业者可能会迸发新的灵感。

在谈话中，当意识到自己想做的事情后，接受面谈的企业就会立刻提出："如果我们想那样做，可以考虑一下这样的框架吗？"如果能获得 Y Combinator 的认可，创业公司很快就能飞速发展了。

公开这些过程之后，大家就会意识到"原来这样的交流能诞生那么厉害的商业思维，这样的话我也可以"，于是全世界的创业者都会聚集到 Y Combinator。公开提炼问题答案的过程后，其他创业者就会进入"这样自问自答就可以了吗"的思维模式。这样一来，面谈的水平就会不断提高。

当下，人们通过互联网可以学到各种耍小聪明的技巧，但这些技巧并不能换来长久的成功。人们在共享所有过程的同时聚焦"为什么"这一商业本质，只有这样的方式才能让第二个、第三个爱彼迎从硅谷诞生。

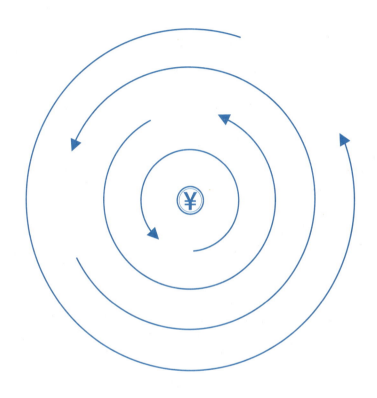

第 **6** 章

过程经济的弊端

重视自我，时常回归"为什么"

目前为止，我只介绍了过程经济的优点。当然，它也有缺点和风险。尤其是现在，人们在社交网络服务上可以轻松地公开和共享过程，这是生活在现代的我们很容易掉入的陷阱。

简单来说，有些情况下，如果能通过过程获得利润，反而会失去原本的"为什么"（为什么要做的哲学）。例如，擅长吸引他人目光的人会通过巧妙地公开过程来获得与实力不匹配的资金和粉丝。这种情况下，如果不持续增加过程的刺激性，接下来就难以维持这种增长速度了。于是别无他法，公开过程的人只能接受更大的挑战，而且挑战会越来越极端，最终演变成挑战的通货膨胀。

但是，如果没有产出成果，看客就会生气，认为你是骗子，心想"这到底是怎么一回事啊"；反过来，热心支持你的人则会告诉你"不要在意反对的人"，形成这样一种场面。

最终，公开过程的本人也会被批评的声音逼得走投无路，开始攻击反对者，久而久之，在没有得到看得见的结果的情况下，抱着"只要懂的人懂就行了"的态度，共享过程并为之狂热，这件事本身就会成为目的，原本自己做这件事的出发点则会被抛诸脑后。

从短期来看，只专注于过程可以有效地吸引资金和关注，但从长期来看，这是一条可能会失败的道路。

过程经济不能弄错调节的杠杆

　　当然，正如我在本书中所说，当还没有取得实际成果的人发起挑战时，通过公开过程来增加支持者并募集资金，这本身是没有问题的。若非如此，就会出现"只有已经掌握金钱和人脉的人才能发起新的挑战，他们和没有掌握这些资源的人之间的差距会进一步拉大"的情况。

　　然而，"只提出远大的目标，却没有实质内容。只是不断地宣传自己的愿景，不断地强调梦想的重要性，以此吸引人们的关注，然后再募集资金"，一旦陷入这样的局面，任何人都可能面临无法摆脱这种局面的危险。

　　例如，年轻创业者也会提出远大目标，大规模筹集资金，然后在推特等社交平台上不断讲述梦想的重要性以及自己对伙伴的感情。此外，他们还会进行演讲、参加电视节目，以及通过在线沙龙收取每月的会员费等，他们通过这些方式赚钱。一旦进入这样的流程，他们就会与本职工作渐行渐远，无法在本职工作上积累成果。

有些创业者会想，与其在本职工作上稳扎稳打，积累不起眼的成果，不如通过过程来吸引粉丝，并从中获利。但我认为，必须掌握好二者的平衡。对于创业者和创新者而言，提出伟大愿景，提高大家的期望值，在资金和人才方面创造有利局面是很重要的技能，这也是我认为真正困难的事。

推特的粉丝数多、关注度高，个人或企业在吸引客户、融资和招聘等方面明显有利，这是不争的事实。如果不是这样，就很难起步，所以最好还是要在这方面付出努力。但是只要在调节杠杆时出一点差错，就会走向地狱，这是过程经济时代需要格外注意的一点。

重要的是自己的标尺

接下来我将以创作者的工作过程直播服务平台四零工作室为例来对本节内容进行说明。

通常，漫画家不会向外界展示自己画画的过程。创作是一项需要集中注意力的工作，漫画家的工作环境往往孤独得可怕。浦泽直树①主持的 NHK 节目《漫勉》将摄像机设在漫画家的工作场所，将创作现场影像化，获得了很高的人气。

在四零工作室，漫画家们会亲自直播自己创作时的场景。在桌子上摆好固定摄影机，在不出镜的情况下，一直直播自己画漫画。

"原来每一根头发是这么认真地画出来的""原来那种颜色是这样调出来的"，如果能知道这些秘密，观众就更

---

① 　日本漫画家。——译者注

容易成为作品的粉丝了。

大家从漫画家的创作过程中窥见的细微举止可以体会到漫画家成熟的哲学和他的执着。通过直播，大家可以一起共享创作者的"为什么"。

除了默默直播画漫画的过程，有的漫画家还会在过程中自言自语，如"这个地方比较难画""这里我是抱着这样的目的来画的，希望能把这一点传达给大家"等。于是评论区就会出现"原来是这样画的啊，我很喜欢这个角色，很开心能了解创作背后的故事"等留言，漫画家则会回复："获得这样的反馈我也很开心，我会继续努力的。"

观众不需要一直目不转睛地盯着漫画家认真画画的样子，观众可以一边看直播一边做菜或学习。就像和朋友在图书馆一起学习一样，这是与认真工作的专家一起体验齐头并进的感觉。

不过，这种做法也有陷阱。那就是在直播平台上公开过程可以获得很多支持和评论，也可以收到投币和礼物，这会让创作者在不知不觉中变得得意忘形。

为了回应给自己投币的人，创作者自己的中轴线——"标尺"可能会发生偏差，有时会过于偏向观众。公开创作过程原本只是作为一种创造性活动的手段而存在的，但现在创作者却将公开过程这件事本身目的化了。创作者的注意力被分散，自己的"为什么"也会随着观众的评论和反馈而变化。如果创作者一直以来的重心发生了偏移，一开始因为观看创作者的创作过程而体会到乐趣的粉丝们也会觉得别扭。这就好比画家的创作一旦开始迎合画廊，就会失去自己充满魅力的"为什么"，渐渐创造出一个虚构的自我。

　　为什么人们会被过程吸引？因为通过过程，人们可以感受到他人内心坚定的"为什么"，感受到那个人独有的标尺，并想将这种标尺融入自己的内心。正因为有这样的想法，观众和粉丝才会成为过程经济的参与者。而且，其中一部分还会深度参与，作为第二创作者给予创作者支持。

过滤气泡的危险

专注于在线沙龙、视频发布和社交网络上的过程传播，形成粉丝和社群后，比起输出的内容，更重要的是谁抱着怎样的想法来创作。另外，也有进入"过滤气泡[①]"的危险。

当你的影响力足够大时，身边的称赞者就会增多。由于想和有影响力的人成为朋友，因此只说肯定意见的人也会更多。这样一来，有影响力的人就听不到刺耳的批评和

[①] 最早由伊莱·帕里泽（Eli Pariser）在《别让算法控制你》中提出。他认为，新一代互联网过滤器具有记录功能，并根据记录的浏览痕迹建立一种不断完善的预测机制，推测网络使用者的好恶。当用户使用浏览器进行信息搜索、查询等工作时，服务器后台会依据浏览习惯呈现出相关性最大的信息，用户获取的信息只是搜索引擎想让用户获取到的结果。各个网站就像气泡一样将用户与其他网站的信息隔绝开来，让人沉浸在自己偏好的信息世界里。——译者注

反对意见了，在不知不觉中成了没有穿衣服的国王。

纷繁复杂的外部信息被过滤后会发生什么呢？人们很快就会产生认知偏差，将片面的信息误认为常识。人们被软绵绵的泡沫包裹着，身处其中，只能听到让自己舒心的信息。久而久之，偏差就会进一步扩大，人的思维方式也会越来越僵化。

2016 年，英国公投退出欧盟，在美国大选中被视为"酱油"候选人的唐纳德·特朗普[①]则出人意料地当选美国总统。两国的国民舆论呈两极分化，英国和美国选择听信极端言论之一的原因就是过滤气泡。

两国领导人都极力主张孤立主义和本国第一主义，即"没有必要和邻国联合起来，只要追求本国利益就可以了"和"美国优先"。

特朗普的做法尤为激烈。他脏话连篇，将诽谤中伤和虚假新闻巧妙地混在一起，煽动过滤气泡内的助威团。要知道，过程经济的核心人员也可能会走上这条路。封闭

[①] 第 45 任美国总统（2017 年 1 月 20 日—2021 年 1 月 20 日）。——译者注

世界一旦失去掌控感，过滤气泡带来的扭曲后果就会不断加剧。

越多人见证自己的过程，人就越有可能误以为自己看到的风景就是世界的全部。因此，我们要时常走到气泡外，客观看待自己，这一点非常重要。

社交网络带来的过程膨胀

2018 年 5 月，日本登山家栗城史多 ① 在珠穆朗玛峰去世。栗城史多的特别之处是不雇用搬运工独自行动，不携带氧气瓶独自无氧登顶。在挑战的过程中，他在山上不幸滑落身亡。栗城史多在恶劣的环境下冒死登山，并将自己登山的过程发布在网络上。

登上海拔 8000 米以上的珠穆朗玛峰不是靠一般的努力就能成功的。在低氧的高山上，随着海拔的不断升高，最后登山者不得不通宵攻顶。如果在没有氧气瓶的危险环境中熟睡，很有可能直接丧命。栗城史多通过网络直播将登山者面临的这些不为人知的残酷过程公开，由此吸引了大批热情的粉丝。

---

①　曾连续成功"无氧攀登"并成功登顶了北美洲、非洲、南极洲、澳洲等地的最高峰。——译者注

2020年秋出版的纪实文学书《死亡地带：栗城史多的珠穆朗玛峰剧场》详细地描写了栗城史多的登山生涯。在总共8次挑战攀登珠穆朗玛峰的过程中，栗城史多因冻伤失去了9根手指。书中指出，栗城史多作为一名登山家相当不成熟。一个人独自无氧登顶，为什么不能中途停止这种鲁莽的挑战呢？过激的直播引发的话题越大，粉丝的支持力度就更大，从赞助商那里获得的活动资金也就越多。书中写道："他将自己作为登山家的样子展示给大家，过分注重自我表演，结果死于非命，这几乎等于自杀。"

我不知道书中所写的是否全部属实，但是我知道，在大众的关注下，栗城史多不得不不断地发起外界要求的鲁莽挑战。不知不觉中这个过程就变得极端了，过程本身操纵着他的人生。这本书中指出的问题对于现在生活在社交网络上的每个人来说都很重要。

不要把观众当成主体

巴鲁赫·德·斯宾诺莎[1]（Baruch de Spinoza）在《伦理学》中指出，人的终极目标是自由，自由的反面是强制。人本来应该按照自身意志能动地生活，却在过程经济中将满足观众的期待当作目标。渐渐地，观众成了主体，自己人生的方向盘掌握在了他人手中。为了不让别人觉得"我明明那样说了不是吗？你为什么不那样做呢"，自己的行动会受制于他人的眼光。

因为没有活出自己的"为什么"，所以也就无法吸引周围的人，只能活在观众制造出来的假象中。有时甚至会因为焦虑而发起不适合自己的挑战，最终导致不可逆转的

---

[1]　近代西方哲学的三大理性主义者之一，与笛卡尔和莱布尼茨齐名。主要著作有《笛卡尔哲学原理》《神学政治论》《伦理学》《知性改进论》等。——译者注

失败。

　　为了避免这种情况发生，我们应该回归自己的"为什么"，以免被他人创造的自己绑架。重要的是要时常扪心自问"自己为什么做这件事"，不断反思自己最看重的是什么。

看清现实

不过，不适合自己的挑战本身不能被否定。无论是像孙正义①这样的企业家，还是像本田圭佑②这样的运动员，最初都提出了被周围人笑话的宏伟梦想，并最终通过努力实现了梦想。

有人说，天才和骗子只有一纸之隔。那么，沉溺于过程和为了取得成果而稳步推进过程，二者有何区别呢？优衣库社长柳井正有一本名为《看清现实》的书，我们有必要牢记这个书名。因为如果沉溺于现实，你将无法忍受宏伟梦想与眼前现实之间的脱节。

说得天花乱坠，其实并不是那样一回事，这对于勇于接受巨大挑战的人来说是不可避免的情况。但问题是，他

①　日本软银集团董事长兼总裁。——译者注
②　日本足球运动员。——译者注

们会逐渐无法直视残酷的现实。

赛博艾坚特 ①（CyberAgent）的社长藤田晋曾说："怀抱远大的志向，每天努力地让公司和人才成长，日复一日地弥补理想和现实之间的差距，我认为这才是创业者的工作。"这是生活的真相，它不仅仅适用于创业者。

社交网络让过程更有价值。得益于此，人们才有可能在产出成果之前就获得粉丝和收益。但是，不要因此沉溺于过程，要正视理想和现实之间的差距，脚踏实地地去弥补差距，这才是最重要的。

那些看起来很莽撞的人其实也很会控制风险，即使失败了也能从容地再站起来。孙正义被世人认为是"有野心的人"，但其实他是一个"风险控制者"。他看似莽撞，实则冷静地计算着绝对不能逾越的界线。正因如此，无论企业发生多少次危机，他都能转危为安。

① 日本知名媒体集团。——译者注

不要弄错"要""能""必须"的顺序

　　要想通过过程经济来召集伙伴，就必须有一个远大的梦想。"想成为偶像组合的 C 位 ① 站在武道馆""想向宇宙发射火箭"等，目标越大，过程越辉煌。但是，也有很多年轻人因为自己没有想做的事而感到失落和烦恼。

　　想必大家都听过这样的说法：刚入职的时候，应该按照"将来想做的工作"（要，Will)、"能做的工作"（能，Can）、"必须做的工作"（必须，Must）的顺序来安排工作。

　　这原本是来自瑞可利集团 ②（Recruit）的方法。瑞可利集团在内部培训中，会让员工定期填写"WCM 表"，其中包括"本人想要实现的事情"（要）、"想要活用的强项和想要克服的课题"（能）、"与能力开发相关的任务"（必须），

---

① 　网络流行语，核心位置的意思。——译者注
② 　日本最大的人力资源集团。——译者注

以此来确认分工。

新人往往会被上司安排要做的事情，比如"新人先做这个"，所以只能在不明所以的情况下完成任务（必须）。然后在积累经验的过程中，新人逐渐找到自己擅长的领域（能）。一段时间后，当被称赞"做得不错"，被委派工作，其他人会说"我想让你来做"时，再按照自己的意愿通过企划书去做自己想做的事（要）。一般来说，我们的工作中是按照"必须→能→要"的顺序来推进的。

但是，现在无论是浏览社交网络，还是去看书店的书架，都会发现到处充斥着"靠自己喜欢的事活下去""找到自己想做的事"之类的话。我们看到的只有"想做"（要）。

实际上，世界上只有极少数人一开始就能做自己想做的工作（要），大部分人都在从事必须做的工作（必须），也就是"我不想做这样的工作，但是为了生活不得不做"。

那些出现在电视和互联网上并表现得非常开心活跃的人，看起来好像是一开始就遇到了"想做的事"一样，但这其实是对他们的误解。比如西野亮广，他每天都在拼命地画画，为了多卖一本画册，他疯狂签名，甚至差点得腱鞘炎。也许你会觉得"西野亮广能在想做的事情上发光发亮，好让人羡慕啊"，但他是在比任何人都更好地完成了"必须""能"的工作后，才去做自己想做的事情的。没有人光靠"想做的事"就可以轻松赚钱。

也许有人会说"我还没有找到想做的事"，这也完全没有问题。在完成"必须做"的工作的过程中，你自然而然就能找到"能做"的工作，随着"能做"的工作不断增加，不久后你就能遇到属于自己的"想做的事"，这样就可以了。不要因为急于寻求认可而借用他人不合时宜的"想做的事"，也不要弄错"必须"和"能"的顺序。总之，多尝试去做不同的事情，这样就能找到自己想做的事。

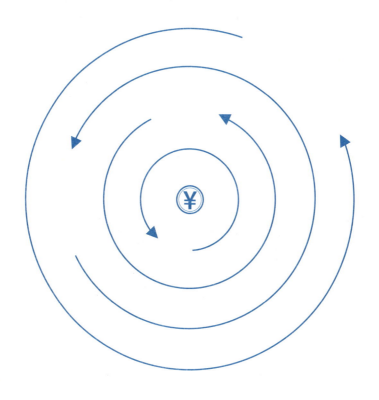

第 **7** 章

过程经济将如何改变我们

催生全球畅销书的过程经济生活方式

在最后一章中，我将探讨在过程经济日益普及的世界里，个人的生活方式会发生怎样的变化。

2010 年年底，近藤麻理惠 ① 在日本出版的著作《怦然心动的人生整理魔法（修订版）》被译为多国语言，成了累计销量突破 1 300 万册的超级畅销书。

近藤麻理惠的丈夫川原卓巳是一位很厉害的制作人，也是她的经纪人。2020 年年底，川原卓巳在日本出版了《我要的新人生》。读了这本书后我明白了，近藤麻理惠的生活方式就是过程经济本身。

书中提到，近藤麻理惠 5 岁的时候，因为妈妈是家庭

---

① 日本空间规划师，她的著作《怦然心动的人生整理魔法》在全世界售出了 200 多万册。——译者注

主妇，所以家里订阅了《ESSE》①《橙页》②等杂志。每次收到杂志，近藤麻理惠都会比妈妈先打开阅读。

因为妈妈很喜欢做家庭主妇，所以近藤麻理惠当时的梦想也是成为一名优秀的家庭主妇，她一边看杂志一边从中感受做家务的乐趣。近藤麻理惠会做饭，也会缝纫。但是，不管她怎么整理房间，房间还是会在不久后回归原样，无法收拾得彻底。结果，她反而更沉迷于整理了。

"为什么不管怎么整理，房间还是会乱呢？"近藤麻理惠一直在研究这个问题。15岁的时候她突然有了灵感："啊，原来如此，只留下让人怦然心动的东西就可以了。"然后，她第一次把房间整理得很彻底。为了进一步研究，她整理完自己的房间就开始整理别的地方，比如学校宿舍、哥哥的房间、朋友家等。

进入大学后，近藤麻理惠迎来了意想不到的幸福。因为她认识了很多独居的朋友，所以她们的家都是她可以整理的地方。她会跟朋友说："拜托了，让我收拾一下吧。"

---

① 日本女性杂志。——译者注
② 日本最著名的料理杂志。——译者注

然后去对方家拜访，于是就有了"麻理惠来玩的话，家里会变得很整洁"这样的口碑。后来，连不认识的人也会跟近藤麻理惠说："我付钱给你，你来帮我整理吧。"从 19 岁开始，整理就成了近藤麻理惠的工作。

成为专业的整理收纳咨询师后，近藤麻理惠的预约很快就排到了半年以后，新客户只能约半年后的时间。为此，她把整理方法写成了一本书，这本书大受欢迎，在日本家喻户晓，在美国《纽约时报》同类书畅销书排行榜更是连续 70 周排名第一。之后，近藤麻理惠将工作地点转移到了美国，如今在美国约有 700 人取得了近藤麻理惠的整理收纳咨询师资格，日常从事整理工作。

2019 年年初，奈飞推出了《收纳女王近藤麻理惠的整理秘诀：怦然心动的人生整理魔法！》（*Tidying Up with Marie Kondo*）系列节目。这是一档真人秀节目，内容是近藤麻理惠去那些比较凌乱的家庭，和他们一起整理屋子，该节目也非常火爆。

近藤麻理惠的生活方式就是过程经济。她的目的并不是出版一本畅销书，也不是在美国开展工作，她只是沉迷于整理这个行为本身，比谁都享受整理而已。

整理本身是一件很麻烦的事情，大家都想尽量把它放到后面去做。但是，对于魔法整理师近藤麻理惠来说，这是一件快乐的事，她会将这份快乐表现出来，以此影响那些接触过近藤麻理惠方法的人，由此产生连锁反应，让"整理很快乐"的观念传播开来。

将人生娱乐转化

近藤麻理惠的故事给了我们非常有趣的启示。用之前提到过的川原卓巳的话来解释，那就是在过程经济时代，"娱乐转化"（Entertainment Transformation，以下简称"EX"）这一思维方式非常重要。

因为人是会追求乐趣的生物，所以只要能在过程中加入乐趣，就能创造更多的可能性。川原卓巳在与田村耕太郎[①]就地区振兴进行会谈时提出了 EX 的概念。田中耕太郎指出，将解决地区振兴问题的过程本身娱乐化是非常重要的。把"正确"变成"快乐"，就能让那些原本感受不到价值的人感受到价值，也能吸引各种各样的人参与

---

① 日本导演、监制，代表作为《流浪神差》《未来都市 No.6》等。——译者注

进来。

　　川原卓巳把田中耕太郎的话提炼成了"EX"一词，近藤麻理惠的人生就是 EX 本身。

热爱的三个条件

我们要像近藤麻理惠一样享受过程，在过程中实现娱乐。那么，如何才能做到热爱过程呢？

乐天大学校长仲山进也说过，人要产生热爱有三个条件（见图 7–1）。首先是"擅长"，其次是"只要做这件擅长的事就很开心"，最后是"这件事对某人有用"。也就是说，享受自己擅长的事情，这本身就是目的。这件事无意中创造出了一些利他的价值，让人愈发沉迷其中。在这个瞬息万变的时代，这种以过程为导向的生活方式尤为重要。

昭和时代是一个从无到有的时代，是一个许多事物从无到有的好时代，所以它是以结果为导向的时代，比如生产便宜优质的汽车，或者制造体积更小的计算机等。然而，在充满变化的时代，大家根本不知道重点在哪里，只是因为享受奔跑的快乐所以向前奔跑，这样的人才会创造

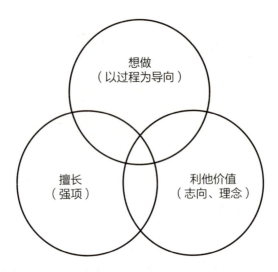

图 7-1 热爱的三个条件

出意想不到的结果。就像近藤麻理惠一样，因为太喜欢整理了所以整理自己的房间、整理家人的房间，然后整理朋友的房间，甚至整理陌生人的房间。

就像这样，当"想做"和"擅长"达到加成效果时，人就会进入"忘记时间，集中精力"的心流状态，从而获得更多的成长。为了满足这种成长起来的"想做"和"擅长"，就需要更大的"整理"空间，于是，自然而然地就会将触角伸到更远的地方。

想在日本做好整理工作，想在全世界范围内做好整理工作，只要做自己擅长的事就会很幸福，这样的状态最终会带来利他价值。这时，当事人并不会有利他的感觉，她认为整理是自己的职责，这件事只是因为自己开心才去做的，也就是"以自我为中心的利他"。而且，因为被周围人感谢，整理甚至会给她带来无上的喜悦。

以过程为导向的事情可以加速心流状态的形成，进而帮助我们找到更多与心流状态匹配的想做的事。当你全神贯注地沉浸在自己想做的事情中时，也会吸引周围的人加入进来。

谷歌的"20% 时间法"和正念

谷歌有一项很有意思的制度，叫作"20% 时间法"，内容是允许谷歌的员工将 20% 的时间用在自己喜欢的事情上。也就是说，员工可以先把 20% 的时间用在自己喜欢的事情和现在想到的事情上，如果进展顺利再正式推广。一句话概括，这就是"活在当下"的相关问题。

我认为，被谷歌引进并推广到全世界的正念就是活用"20% 时间法"的最佳案例。人类本来就是靠预测未来而生存的。例如，在狩猎活动中，我们之所以可以给动物设下陷阱猎捕它们成为我们的食物，是因为我们可以预测未来。通过预测，我们能够减少失败，提高成功率。

令人意外的是，猎豹成功猎捕猎物的概率竟然不到 7%。因为猎豹没有办法预测大方向，所以它只能依靠瞬间判断来决定冲刺与否，而冲刺的结果要么是拿下猎物，要么就是失败。对于人来说，如果成功率不到 7%，他一定会很气馁。预测可以帮助我们增加未来成功的可能性，但与此同时，也会被对失败的恐惧和对前路的不安折磨。

人都知道应该活在当下，但却总是囿于过去，惧怕未来，不免会担心"今天如果再去公司，会不会因为同样的事情被骂呢？"等。更何况是像谷歌员工那样优秀的人，他们的大脑里充满了对未来的各种问题。

经济学家约瑟夫·阿洛伊斯·熊彼特①（Joseph Alois Schumpeter）将创新定义为"创新是将生产要素重新组合"。自己的大脑中能想到的东西不过是对现状的延伸，所以不会得出全新的答案。但是，只要和之前没有遇到的东西建立联系，就能有"这样啊！原来还有这招"之类的新发现。

人总是会不自觉地对未来感到不安，追悔过去。但是，我们要先把这些放一放，把注意力集中在此时此刻，集中在我们当下正在经历的过程本身，这就是"正念"训练。我们还要学会把时间投资在当下的"20% 时间法"，

---

① 一位有深远影响的美籍奥地利政治经济学家。——译者注

虽然谷歌并不是有意将二者结合在一起的，但谷歌的机制
告诉我们，在打破现状进行创新的过程中，当下才是最重
要的。

为什么蚂蚁能找到糖

　　奈飞是最能体现这种过程经济生活方式的企业之一。你是否有过这样的经历：只要在地板上洒一点糖和蜂蜜，家里就会有一群蚂蚁排成一排，向糖和蜂蜜的方向移动，让人吓一跳。只要把甜食等食物放在那里不管，一定会有蚂蚁发现并前来觅食。

　　蚂蚁并不具备惊人的嗅觉，也不能像鸟儿那样从空中俯瞰。那么，为什么蚂蚁能发现离巢穴很远的厨房里的糖呢？几百只、几千只、几万只蚂蚁，从早上开始一整天都在随机活动。在很多蚂蚁东张西望的时候，一只蚂蚁偶然发现了糖。然后这只蚂蚁就会一边释放信息素一边回巢。这时，蚂蚁并不能准确知道巢穴的位置，"咦？巢穴大概是在这边吧"。它转来转去，寻找回巢的路。

　　很遗憾，这只蚂蚁可能无法回到它的巢穴了。但是，其他蚂蚁闻到信息素的味道后，就会向它靠近，心想："好像有同伴找到食物了。"它们沿着信息素的轨迹走，很快就会有很多蚂蚁找到糖的所在地。

于是，一大群蚂蚁会一起从糖的位置寻找回巢的道路。在这个过程中，从觅食的地方连接巢穴的路线就能固定。有蚂蚁沿着味道最浓的信息素走，其他蚂蚁自然会跟随。这样一来，糖和巢穴之间就形成了往返的队列。

很多蚂蚁随机朝着自己想去的方向前进，其中一只蚂蚁 A 偶然找到了糖。即使 A 靠自己的力量无法回到巢穴，同伴们也会嗅到 A 释放的信息素而聚集过来。如果蚂蚁知道"好像有同伴回到了巢穴"，就会在那条路上留下 2~3 倍的信息素。未能在巢穴和食物之间形成路线的信息素会变得干燥无味。最终，在连接巢穴和食物所在地的最短路线上，形成了最浓的信息素轨迹。

这是在以结果导向的思维和价值观为基础的社会中不可能出现的行为。对于身处变化时代的我们来说，蚂蚁这种过程导向的行为才是寻找正确答案的方法。

如果不遮不掩，大方公开过程，我们就能很容易吸引到合作者。蚂蚁释放信息素的行为就是我们所说的公开过程。通过公开过程，我们可以吸引到各个领域的优秀专家。然后就像寻宝一样，能在公寓高层的厨房里找到糖。拥有鸟的视角也未必能找到糖，但蚂蚁们凭着热情随心四处转悠，反而找到了糖。

四处转悠的蚂蚁创造出的奈飞

这个故事跟奈飞有什么关系呢?

唐川靖弘(康奈尔大学约翰逊商学院教授)指出:"我们不要朝着直线前进,要被内心涌出的某种东西驱动,享受人生,不自我设限,快乐地四处转悠。这种'四处转悠的蚂蚁'的工作方式,可以说是最先进的工作方式。"

唐川靖弘希望大家在未来的社会,不再为了提高业绩、增加销售额而拼命工作,而要在好奇心的驱使下愉快玩耍。在重视"四处转悠的蚂蚁"的公司,管理者不会训斥员工"你怎么偷懒任性?你在开玩笑吗?",而是会给员工充分的空间,让他们自由地创新。

奈飞的发展迅速,截至2021年4月,全球付费会员已突破2亿。可以说,奈飞是由"四处转悠的蚂蚁"带来创新的最成功的模式。

阅读奈飞的首席执行官里德·哈斯廷斯(Reed

Hastings）所著的《不拘一格》（*No Rules*），就能清楚地看到奈飞的优势——没有规则，就是规则。

奈飞一开始只是像茑屋 ① 一样的影碟租赁店。当时在美国，已经有了大型连锁影碟租赁店——百视达（Blockbuster）。百视达占据了所有好地段来开设门店，后起之秀奈飞即使想要与之抗衡也并无胜算。

奈飞意识到"再这样下去就输了"，于是抱着危机感转变了经营模式，不再经营实体影碟租赁店，而是通过邮寄的方式租赁 VHS 录像带。每个订单单独收费的效率太低，意识到这一点后，奈飞推出了按月订阅服务。然后问题又来了，开始实行按月订阅后，新出的人气作品一下就被租出去很多，很快就没有库存了。

为了消除用户的不满，奈飞决定进攻小众市场。为了满足用户"想看完所有小众导演的作品"的需求，奈飞增加了小众作品的库存，以此提高了用户满意度。有些人希望自己喜欢的视频能像背景音乐一样一直放着，奈飞也满足了这些人的这一需求。

---

① 日本最大的动漫影音租售连锁店，隶属茑屋旗下。——译者注

　　为了满足那些想看所有小众导演作品的人，奈飞做了什么呢？它创建了一个推荐引擎，通过分析租赁视频的用户数据库，为他们推荐接下来可能会想看的作品。奈飞在满足大众需求的同时也努力不放弃少数人的需求。在这一过程中，奈飞实现了随时接入互联网，并架设了高速线路。奈飞在竞争对手百视达的打压下一直在夹缝中求生存，同时拼命摸索新的招数，在这个过程中，不知不觉间奈飞的商业方式已经成为主流。

　　只要使用高速互联网线路登录，就可以在家随时欣赏自己想看的作品。"好了，现在就踩油门往前冲吧，我们要多多筹集资金，提高奈飞的普及率。"于是，就有了现在的奈飞的雏形。

　　奈飞手里有一份数据，其中包括一部分狂热用户偏爱的导演和演员的名字，甚至还有对用户喜爱的作品情节的详细分析。利用这些数据，奈飞就可以将"如果有这个演员，我就看""如果是这个导演的作品，我就看""我最喜欢推理剧"等需求进行交叉，战略性地推出热门作品。

　　就这样，奈飞出品了一部非常受欢迎的原创剧《纸牌屋》（*House of Cards*）。除此之外，奈飞还在不断推出原创电影和电视剧。

　　未来并无法准确预测，只有"不可预见"才是现在确定的"未来"。奈飞在不设定规则的情况下，支持冒险挑战的"四处转悠的蚂蚁"。当蚂蚁们意识到"这里有点不一样"时，就会在过程中灵活地修正轨道。确定"现在是发力的时候"时，奈飞一下子拿出数十亿日元的制作费来推出原创作品。就这样，奈飞成为不断产出超越好莱坞和迪士尼的超级大片的平台。

从"拼图型"到"乐高型"

藤原和博认为，以过程为导向的过程经济生活方式是"从正解主义到修正主义"。借用他的话来说，"人生的行进方式从'拼图型'变成了'乐高型'"。

在急剧变化的时代，正确答案的形式也在不断变化。如果事先确定了正确答案，就不会有奈飞。一直以来，我们都是冲着一个固定的正确答案去解答问题的，就像拼图一样，我们需要知道正确答案，并比别人更快、更准确地完成最终目标。然而，组装不知道完成后会是什么的乐高积木，这更符合当今时代的趋势。

连自己也不知道最终的目标，只是因为这一刻很开心，所以才全力投入其中。然后，这份热情会感染到周围的人，让更多人参与进来。最后到达自己都不曾想象过的远方，同时也为他人带来喜悦。

我们并不是只会根据"这样做会失败""这样做会火"

的判断来做事的机器。我们应该点燃我们的生命，做自己想做的事。过程经济也将成为生活在这个激变时代的每一个人的武器，帮助我们走向全新的生活方式。

为了更有创造性、更激动人心的未来，请在尽情展现执着的同时全力向前奔跑吧，我打心底里为你呐喊、助威。

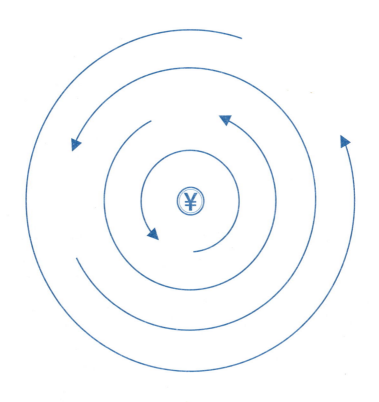

智慧城市和 20 分钟社区

在各国纷纷提出应对全球变暖和碳中和构想的背景下，时任日本首相菅义伟宣布："到2050年，日本也要实现碳中和。"

为了实现碳中和，我们必须从根本上改变目前依赖化石燃料（石油、煤炭）的能源分配方式，大幅增加太阳能发电和风力发电（可再生能源）的比例，取消燃油汽车，改用电动汽车。由此可见，能源革命和智慧城市建设是当务之急。

本书探讨的过程经济思维对于智慧城市的建设很有帮助。迄今为止，智慧城市的概念都只强调有用的部分，比如"信息技术和自动驾驶让生活变得更加便利""自动送货上门"等。但是，不管是数字化还是有用性，其他城市都可以轻松复制。这样的话，一定要住在巴黎或东京的意义就没那么大了。

新冠疫情让大家意识到，即使没有办公室，我们也可以远程处理很多工作。"地铁很发达""车站附近有成城石井①""家附近有很多商场""电影院就在附近"等，一直以

---

① 日本老字号超市。——译者注

来，人们就是因为重视这些功能所以特意住在城市里的。

只要人们能够在线交流，即使身处郊区，这些功能也都能实现。这样一来，城市与城市之间展开智慧化城市的竞争也就没有太大意义了。社会正朝着"以意义塑造社会"的过程经济方式转型，是否能感受到住在某个地方的意义才是最重要的。

最近在关于智慧城市的讨论中，"20 分钟社区"构想被提出。一个月只要支付 5000 日元，就可以乘坐城市的无人驾驶社区巴士，也可以骑社区自行车，这大大增加了 20 分钟内可以去的地方的选项。

冲绳的读谷村有很多陶艺工作室，可以和陶艺家一起体验制作艺术品的乐趣。如果你想做陶艺，请一定要来读谷村玩。

我们镇上有一个市场，在那里，生产者会亲自讲述如何培育农作物。你不仅能买到新鲜美味的食材，还能听到农民背后的故事。

就像这样，各个村镇都开始以自己社区的特色为卖点。随着智慧城市的发展，社区在过去积累起来的微观叙事、小而可爱的故事就将作为特色凸显出来，到访的人会想："我也想住在这个有意义的地方。"

就像乐高积木一样，以过程为目的组合故事情节，突出意义，把真实的场所培养成"意义的集合体"，只要将智慧城市和过程经济结合起来，即使是一直不被看好的"边缘村落"的地方小镇也能与城市抗衡。

全球化和效率化带来的社会负面影响在世界各地仍然存在。为了解决这些问题，联合国提出了面向 2030 年的可持续发展目标（SDGs）这一宏伟蓝图。对于解决全球性问题的宏伟目标，我在本书中介绍的过程经济思维也很有帮助。

本书以 2021 年 1—3 月我在 Zoom 上写下的文字为基础，我又进行了大幅度的修改，本书中的"过程经济"理念以及讨论的全过程都会在我的线上沙龙全面公开。

一般来说，撰写、编辑书的过程都是不公开进行的。但是，包括目录如何处理等初期阶段的商讨在内，我都将毫无保留地全程公开。

作为作者，我很高兴能与在线沙龙的成员们一起完成一本书，一起经历这个过程。如果能为大家带来快乐，那就再好不过了。

此外，在完成本书的过程中，我与健数、西野亮广、仲山进也、长尾彰、藤原和博、山口周、清水汉荣治、青木耕平、安西洋之、佐渡岛庸平、吉田浩一郎、伊藤羊一、泽圆、猪子寿之、堀田创、武田双云、冈崎且弘、岩崎一郎、川原卓已等我很喜欢的各位朋友们，在各自以过程为导向的旅途中前行，我们产生了共鸣，交流了故事，对此我表示十分感激。本人晦涩的语言能够升华为书，多亏了荒井香织的帮助。

以与幻冬舍的责任编辑箕轮厚介的对话为契机，本书诞生了。最后，我要向箕轮厚介表示最深切的感谢，他陪我完成了本书的撰写和编辑，并与我一起享受了这场激动人心的冒险。

尾原和启